天

Borderless

下

博稽古今 融汇天下

天
Borderless
下

Discourse on the Origin of Inequality

论人类不平等的起源和基础

|畅享版|

[法]卢　梭　著
姜　敏　薛冰清　译

法律出版社　LAW PRESS·CHINA
——北京——

译者序

伟大的人类启蒙思想家卢梭之《论人类不平等的起源和基础》，享誉古今，泽被环宇，光芒万丈地闪耀于人类思想之林。基于其重大意义，被翻译为诸多版本，使其被中国的思想界熟悉和称颂。因此，翻译此思想巨擘之作，已有珠玉在前。所以在诚挚感谢法律出版社的编辑老师邀请翻译此巨作的同时，倍感压力。十分坦诚地说，我与薛冰清十分艰难地完成了翻译。但是，重温此书，带来的思想启迪却足以消弭翻译之苦。

《论人类不平等的起源和基础》诞生的 18 世

纪,是人们普遍信仰理性与科学的时代。在该时代,人们坚信通过人类理智的全面发展,能够缔造出更幸福的生活。当时日内瓦的博物学家博纳即在致卢梭的信件中饶有信心地表示:“让世界按照它的意愿去发展,并相信它会发展的很顺利。”而卢梭却极富激情地打破了上述信念。在卢梭看来,人类所取得的进步和获得的知识,恰恰为“痛苦和死亡敞开了新的大门”。他在为第戎科学院写的第一篇应征论文《论科学与艺术》中,便已痛斥了文明社会的道德沦丧,科学与艺术的发展使整个社会日益趋向于奢侈、自私和卑劣。在第二篇应征论文《论人类不平等的起源和基础》中,卢梭延续了对文明社会的批判态度,对人类不平等的根源加以探索,并指出了人类社会如何突破不平等的变革之路。

一、人类不平等的起源、发展与循环

卢梭认为对人类不平等的起源和发展的探讨,要以对人类的自然本性的正确认识为前提。因而对人类自然本性的思考势必要追溯人类的自然状态。凡是审视过社会基础的哲学家,基本上都认识到回溯至自然状态的必要性,但卢梭认为其实没有任何人做到这一点。在自然状态的设想上,存在大量将文明社会中的观念放置在自然状态中的情况,以至于将需求、贪婪、欲望、压迫等概念强加于人性之上。例如,霍布斯即认为自然状态是一种战争状态,是“每一个人对每一个人的战争状态”。[1] 人类认为其对每一种事物都具有权利,而且愚蠢地认为自己就是整个世界的主人。霍布斯认为自然状态是战争状态的理由主要由四个论点组成:一是人们的最终目的是自我保存以及幸福;二是人们要躲避暴力死亡;三是人们不停息地追求权力;四是人类在暴力受害者和暴力致害者上的同步对称性。[2] 卢梭虽然认可自我保存(自爱心)是人的本性,但霍布斯却将文明社会中的情欲的满足掺杂到自我保存之中,从而得出了错误的结论。此外,霍布斯忽视了人类天生就具有的对同类受折磨时的厌恶感(同情心),这一人类的天性也会使人类的自我保存欲望得到限制。自爱心和同情心便是卢梭提出的两条先于理性而存在的人的本性的原理。

由此,卢梭认为:“自然状态是人们的生存互不妨碍的状态,所以这种状态最有利于和平,且是最适合人类的。”卢梭在本论中指出了在人类中存在两种不平等,一种是自然或者身

[1] [英]霍布斯:《利维坦》,黎思复、黎廷弼译,商务印书馆 2009 年版,第 104 页。

[2] 参见[德]赫费:《政治的正义性》,庞学栓、李张林译,上海译文出版社 2014 年版,第 219 页。

体上的不平等,体现在年龄、身体状况、体力以及思想或者灵魂方面的差异。另一种是道德上或政治上的不平等,这种不平等取决于一种公约,取决于一种建立在人类共同意志之上的公约,表现为一些人通过损害他人利益而享受的各种特权,如富于别人、尊贵于别人、强大于别人以及使别人服从于自己。这就表明,无论是在文明社会中还是在自然状态中,人在自然禀赋方面的不平等都一直是存在的。但在卢梭的论述中,人在自然禀赋方面的不平等在文明社会中被大大扩展,并且还出现了道德上或政治上的不平等。从这里可以认识到,自然状态下的不平等并没有人们想象的那么大的影响,人的自由和平等其实在自然状态中就已经拥有,但进入文明社会后不断丧失。因此卢梭指出:“我们也会很容易地发现社会状态下人们之间的差异比在自然状态下要大得多,而制度的不平等更加深了人类自然的不平等。”

卢梭在对野蛮人的精神层面的考察中,指出了人类与动物之间最为显著的差异就在于人类具有自我提升的能力。自我提升能力使人类受环境的影响,不断激发其他所有能力的发展。这种天生的自我发展能力,便是让人类从自然状态中脱离出来的内发动力。然而,上述能力只有通过一系列的外部偶然因素才能得到发展。“如果没有这些巧合,人类将永远处于自然状态。”因此，在书的第二部分，卢梭便着重考察哪些外部因素促使野蛮人走出自然状态，进而使人类和文明社会一步步趋向不平等。

随着外部环境的变化，人类的自我保存难度越发增大，这也使人类的心灵有了初次的发展。人与人之间的联系变得越来越紧密，形成了家庭和分工。“每个人都开始注意别人，同时也希望别人注意自己，公开的尊敬也开始变得有价值了。”由自我保存的自爱心向自尊心的转变被卢梭视为是人类走向不平等的第一步。冶金术和农业的发明则进一步促成人类不平等的第二阶段，即私有制的出现。因为一旦上述两种技术发酵成熟，就有了耕种者对土地的持续占有，从而转化为一种私有制。人类在自然禀赋方面的不平等便会随着彼此的联系显现出来。在这一阶段，富人和穷人无节制的欲望和相互争夺，导致最强者与先占者之间总是存在权利的冲突。富人们出于情势所迫，诱骗穷人接受新的制度，这些制度将使自然法则转向对富人们有利的一面。这便是社会和法律的起源，“它使弱者更受束缚，使强者更强”。最终形成了三个不平等的发展阶段的恶性循环：最初阶段是法律的建立以及财产权的设立；第二阶段是官员制度的建立；最后一个阶段是霸权成为合法的权力。从最初阶段产生的富人和穷人的不平等到第二阶段产生的强者和弱者的不平等,最终产生了主人和奴隶的极端不平等。在不平等达到最顶点时,人们将会用暴力推翻国家和法律,重新回复到自然状态之中,开启新的不平等的轮回。

二、人类文明社会实现平等的变革之路

卢梭在书中描述了人类由自然状态到文明社会的堕落过程,即人们在自然状态中就拥有的自由和平等在进入社会状态后不断丧失,直至达到不平等的极端阶段。不过,卢梭对文明社会进行猛烈批判的同时,也指出了人类文明社会的变革之路,那就是像来库古在斯巴达所做的那般,人们应当做的是丢弃旧制度和旧习俗,并为人类文明社会重新建立一个坚实的根基。而这一点却常常为卢梭同时期的思想家们所误解。例如,博纳和伏尔泰在其信件中均认为卢梭的观点旨在使人类社会重新返回孤立的自然状态之中。伏尔泰在1755年8月致卢梭的信件中,更是略带讥讽地写道:“当一个人阅读完你的作品后,他就会产生用四肢走路的欲望。然而,很遗憾,六十多年前我已经失去了这个习惯,我觉得我不可能再恢复它了。”实际上,卢梭在对给博纳和伏尔泰的回信中予以了回应,并不止一次强调,其根本不

会选择在自然状态中的孤立生活，而是旨在将人类文明社会重新奠基于平等的基础之上。

正确地理解卢梭为人类社会指明的变革之路，需要结合两个方面加以考虑。一方面是涉及对自然状态的论证意义。尽管卢梭热情地讴歌了自然状态中的种种美好，并断言自然状态是最有利于人类和平的生存状态。但卢梭对自然状态的赞美，却并非主张人们应该疏远文明，重新回到野蛮人的状态中，而只是认为人们应当以此为参照，对当前社会状态存在的偏差与缺陷加以反思。正如康德所言："这种表面上的怀旧观点理应有助于人们对未来的准备，并使他们能胜任于建设未来。"[1]卢梭在序言中更是明确表明，作为其论述起点的自然状态的设定，是为了对其所处的当前状态进行适当评价。另一方面则是要在卢梭的思想主线中对其提出的变革之路进行理解。卢梭在书中将文明社会视作导致人类诸种不幸的祸根，但其在随后创作的《社会契约论》中却主张通过法律来保障人的自由。这便同样说明卢梭所反对的其实并不是人类的共同生活，而是仅仅有利于强者的共同生活。换言之，社会契约这种形式本身并不存在问题，但倘若订立契约的意志仅仅

[1] [德]卡尔西：《卢梭·康德·歌德》，刘东译，生活·读书·新知三联书店2002年版，第12页。

服务于获取了特权的个体和集体，那么这种法律便是导致苦难的帮凶。[1] 例如卢梭在“新秩序下的人类”部分中所讨论的法律，便是强者通过阴谋和欺骗的方式所订立的。而人类文明社会的变革之路便在于将订立社会契约的意志置于公意的最高指导之下。[2]

三、《论人类不平等的起源和基础》的局限和启蒙遗产

卢梭在思维方法和论证方式方面，的确存在众多缺陷。如我国学者指出卢梭倾向于一种整全式的思维，动辄使用全称的判断和格言式的定论，使得其在某些问题方面的讨论难以深入。[3] 甚至对于一些关键概念缺乏清晰的界定，卢梭在自然状态概念的使用上，就在从事实去加以解释和从纯粹理想去解释之间摇摆不定。在书的“序言”部分，他便倾向于从后者对自然状态进行解释，但这导致和其他著作中的表述不一致。然而，卢梭的论述是激情澎湃的，且正是因为这种激情

〔1〕 参见[德]卡尔西：《卢梭·康德·歌德》，刘东译，生活·读书·新知三联书店2002年版，第32页。

〔2〕 参见[法]卢梭：《社会契约论》，何兆武译，商务印书馆1963年版，第24-25页。

〔3〕 参见何怀宏：《平等与文明——重温卢梭〈论人类不平等的起源和基础〉》，载《山西师大学报(社会科学版)》2020年第1期。

澎湃的论述风格,使其所阐述的观点具有极强的感染力和号召力。同时,其思想在当时无疑是先进的,对社会变革有甚于千军万马的推动力量。并且,此书确实影响了当时的发展,比如启蒙运动的发展和法国大革命,均与此书有关。康德曾直言,他是从卢梭那里“学会尊重人”,进而将全部的工作指向“确立一切人的权利和价值”。又如,罗尔斯在其《正义论》的“序言”中指明,他的思考是继承自卢梭和康德所代表的启蒙传统。[1] 哈贝马斯的商谈法哲学中人民主权与人权的协调和统一,也是从卢梭这里得到启发。[2] 因此,卢梭在书中对人类文明社会不平等状态的强烈批判,以及对改造人类社会道路的探索,是人类启蒙思想的重要遗产。

四、重温《论人类不平等的起源和基础》的当代意义

历史的车轮驶越浩瀚的寰宇,从久远的启蒙时代来到信息、科技等全面向荣的当代。毫无疑问,《论人类不平等的起源和基础》诞生所依赖的时代迥异于当代。甚至以启蒙精神

---

〔1〕 参见[美]罗尔斯:《正义论》,何怀宏、何包钢、廖申白译,中国社会科学出版社 2009 年版,第 1 页。

〔2〕 参见[德]哈贝马斯:《在事实与规范之间:关于法律和民主法治国的商谈理论》,童世骏译,生活·读书·新知三联书店 2003 年版,第 125-128 页。

为内核的自然法等都被认为已然过时。但无论社会如何发展,人类自身的某些特征依然会存在。所以当人类社会发展至今,无论哪个国家和民族,都没有完全消除不平等,更没有彻底实现平等。

此书所论及的不平等,并不局限于启蒙时期。尽管卢梭认为人类生理因素导致的不平等不值得挂怀,但是人性的丑恶以及一些制度衍生的不平等却极难消除,甚至其本身就是造成不平等的源泉。比如,科技的发展以及法律制度等尽管也会使人类获益获利,但其也会造成种种不平等、不公平的现象。这一现实就昭示人类必须正视现实社会的各种因素,不断认知和探寻不平等产生的缘由,从而努力建构正义的良性制度,并保证人类享有基本权利和获得平等发展机会。

《论人类不平等的起源和基础》的平等与不平等观念具有前瞻性。卢梭在书中提出的理念和智识具有极高的深度和厚度,并使其精神意蕴具有前瞻性。卢梭对道德的关注、对私有制等制度的合法性评析、对生产力的评鉴、对人性的深刻洞察、对社会化发展的理性态度等,使其提出的消除不平等的路径依然具有现代性。因此,本书不仅展示了卢梭激情高昂的雄辩修辞,更展示了卢梭拥有无与伦比的理性头脑。所以,康德曾盛赞卢梭:“卢梭是另一个牛顿。牛顿完成了外界自然的科学，卢梭完成了人的内在宇宙的科学，正如牛顿揭示了外在世界的秩序与规律一样，卢梭则发现了人的内在本性。”卢梭在书中，恰到好处地利用了他这一伟大的发现，这也是其思想依然能萦绕环宇、闪耀当代的重要原因。

姜 敏

2023 年 8 月 26 日

目录

CONTENTS

献给日内瓦共和国

我最尊敬、至高无上以及神圣的君主们:我相信国家只接受具有美德的公民所献上的敬意,三十年来我辛苦工作,为的就是能有资格向你们呈上公开的敬意。现在这个千载难逢的机会,正好能在一定程度上弥补我的不足,我只凭借着内心热情的驱使,而不考虑我是否有这项权利。[1] 有幸和你们共在同一时代,每当我思考自然所带给我们的平等和人类自己所创造的不平等时,我都会不由想到一种非凡的智慧,这种智慧把自然的平等和人类的不平等完美地结合在一起,使之与自然法最大限度地保持一致,且最有利于这个社会和公共秩序

〔1〕 献给日内瓦共和国的献词写于 1754 年,这篇献词发表于尚贝里,卢梭在去日内瓦的途中曾在尚贝里停留。日内瓦是卢梭的家乡,在这篇献词中他清楚地描述了哲学家所希望的最合适的政体的要求。

的维持以及人类的福祉。在我研究常识能为一个政府制度的建设提供最好的准则后,我是如此激动地看到这些制度都已经被你们所实施,以至于就算我不是生于这座城市,也会义不容辞地把这幅人类社会的宏图展示给大家,因为我认为你们既能享受它所带来的最大利益,又能很好地避免它的滥用。

如果我必须选择我的出生地,我会选择这样一个社会:这个社会与人类的能力相称,也就是说,人类能够很好地治理这个社会,每个人都各司其职,没有人会把自己的职能委托给别人;在这里,人们都彼此熟知,所以无论是阴谋诡计还是谦逊美德都逃不过大家的眼睛;并且这种互相知悉的好风俗会把人们对国家的热爱转变成对公民的热爱,而不是对这片土地的热爱。

我希望出生在一个这样的国家里:在这个国家里,君主和公民的利益是一体且相同的,社会中的所有运作始终都是为了人类的共同福祉。然而这种情况是不存在的,除非君主和公民是同一个人,因此我希望出生在一个法度适宜的民主政府之下。

我希望生死自由,也就是说,我们都服从于法律,任何人都不能丢弃法律赐给我们的神圣的“枷锁”,这柔和的“枷锁”

使那些不受任何束缚的最傲慢的人也变得温顺起来。

我希望这个国家的所有人都遵守法律,而且国外的任何人都不能强迫这个国家承认他的权威。因为无论这个国家政府的构造如何,如果它所管辖的范围里有一个人不遵守法律,那么其他人必然就会受这个人的任意支配。如果同时存在一个本国统治者和一个外国统治者,无论他们怎样划分自己的权力,要想两个统治者都被很好地服从或者国家被很好地治理都是不可能的。

我不希望出生在一个刚刚成立的共和国里,不管这个共和国的法律有多优越。因为我害怕政府的成立之初不符合形势的要求,因此便不适合新的公民,或者公民不适合新的政府,因此这个国家一经成立便有了被推翻或者毁灭的危险。

自由就像美味多汁的食物或者香醇甘甜的葡萄酒,美酒对于体格强壮的人有着很好的滋养作用,却不适合那些体质薄弱的人,因为那会使他们酩酊大醉并且摧毁他们的身体。人们一旦习惯主人的存在,便再也离不开主人了。一旦这些人想挣开枷锁,他们只会离自由更远,因为他们总是把与自由相对立的桀骜不驯当作自由,结果他们的革命成果往往落到那些只会加重他们锁链的诱惑者的手里。

当作为所有自由人典范的罗马人逃离了塔尔干王朝的压

迫时，这些罗马人还没有自我统治的能力。塔尔干王朝统治时期，他们受奴隶制的支配而从事低贱的工作。因此，罗马人最初只是一群乌合之众，人们必须使用大智慧才能将他们控制和管理，才能使这些受专制统治而变得衰弱和愚钝的灵魂慢慢习惯自由，渐渐获得坚忍不拔的精神和高尚的道德，并最终使罗马人成为最受尊敬的人。

因此，我将寻找一个和平快乐的国家作为我的共和国，这个国家的丑陋恶习都随着时间的流逝而逐渐消失了，这个国家所遭受的这些打击已经足以激起并增强它的国民们的勇气和爱国之心。这个国家里那些已长期习惯自由的国民们，他们不仅是自由的，并且值得自由。

我希望生在这样的一个国家里：很幸运地，这个国家没有强大的力量，所以也没有侵占他国的想法，这个国家也因此很幸运地可以不用害怕被他国征服。这个国家是一座自由的城市，没有国家想要侵占它，甚至其他国家会保护它不被侵占。总之，这是一个不但不会引起邻国侵占的野心，而且还会在需要的时候得到邻国帮助的共和国。因此，这个共和国唯一可畏惧的就只有它自己，如果这个国家的国民们开始操练兵器，那也是为了保持士气和英勇的气势，从而和他们的自由状态相称，而不是为了必要时进行防卫。

我会找寻一个立法权属于全体公民的国家作为我的祖国,因为没有谁能比公民更能了解要在什么样的条件下他们才能最好地共同生活于同一个社会中。但我并不赞成罗马人那样的全体表决,因为在这种表决模式下,国家的统治者和那些最关心国家安全的人反而不能参与那些与国家安全相关决议的表决,最荒谬的是政府官员却不能享受普通公民所享受的权利。

相反地,为了制止那些唯利是图以及拙劣的计划,为了阻止那些使雅典人走向毁灭的危险的改革发生,我希望任何人都没有权利随便提出制定新的法律,这种权利应该专属于那些官员。与此同时,官员在行使立法权时应该小心谨慎,此外,人民认可新制定的法律之前,应深思熟虑,法律的颁布也需要在庄严的场景下进行。这样一来,人们在推翻法律之前才有足够的时间让他们相信正是法律的悠久性才使它变得神圣庄严,于是人们便很快地鄙视那些以改进为借口而忽视古老的惯例的那些人们,这些人让法律和国家每天都发生着变化,这些人所带来的弊害远远大于他们努力改变所呈现出来的益处。

我特别不希望出生在政府管理不善的国家,在这个国家里,国民自认为他们可以不需要政府官员,或者只留给政府官员微弱的权力，而将民事管理权和执法权握在自己手里。这应该就是直接从自然状态骤然地过渡到最初政府的结果，这种方式也导致了雅典共和国的败落。

但我希望生在这样一个国家里：在那里，法律的制定需征求民众的意见，在统治者的提议之下，人人都将参与决定重大的公共事务；那里有威严的法庭，并被设置划分为几个部门，每年选出最具能力且最正直的人来执法和治国。总之，这个国家的政府官员的德行便是人们智慧的映射，官员和公民们相辅相成。因此，就算在此情况下出现了足以打乱公众和平的致命过错，人们即使是在无知与犯错中，也能保持冷静，做到彼此互相尊重并始终遵纪守法。这便是国家长久保持和谐应有的征兆和保证。[1]

我最尊敬、伟大、神圣的君主啊，这便是我所向往的国家，如果天意能够再让这个国家拥有很好的地理位置、温和的气候、肥沃的土壤以及最迷人的地貌，那我将无比幸福，为这个国家得到的所有赐福感到快乐。我将友好地和我的同伴们住在这个和谐的社会里，以我的同伴们为榜样，奉献情谊、人道以及其他的美德，死后留给他们一个善良、正直和高尚的爱国

---

〔1〕 卢梭所指的“致命过错”不仅仅是一种假设性的可能，在日内瓦的历史上，公民团体和主要的行政官之间一直不和。

者的形象。

由于我自己生不逢时又明智太晚，又在另一个国家里过着渐渐萎靡的生活，直到死去。我终生惋惜着年轻时的鲁莽让我丧失了平静和安宁。但是，至少在我的内心深处还蕴藏着同样的感情，即使这种感情不能在我所在的国家里表达出来，我也将带着我对远方同胞们的温柔无私的爱，发自内心地作出以下演讲：

我亲爱的同胞们，血缘关系和法律将我们连接在一起，让我感到高兴的是：每当我情不自禁地想到你们，我就会想到你们所享受的一切快乐，也许你们当中没有任何一个人更能比我深深体会到这种快乐的难能可贵，因为我已经不再拥有属于我自己的那份快乐了。

我越是反思你们的社会和政治形势，就越是想象不到人类事务的性质还能以哪种更好的方式存在。在所有的政府中，当涉及确保国家幸福最大化这个问题时，所有的东西都只停留在思想理论层面上，或者充其量只带有一点可能性。但是你们不同，你们只需要享受你们所拥有的幸福即可，于你们而言，满意这份幸福便是最大的幸福。你们用武力获得，并用你们的英勇和智慧使之存续了两个世纪的主权，最终是获得了普遍的认可的。

神圣的条约规定了国家的边界,这些条约授予了你们权利,保护了你们的安宁。你们拥有卓越的宪法,它是伟大智慧的结晶,同时又有可敬可亲的邻国做保证。你们的国家无比的安宁,没有战争也不用畏惧征服者,你们唯一需要听从的便是你们自己制定的并由你们自己所选出来的正直的官员所执行的法律。你们既不会因为太富有而纸醉金迷变得日渐消沉,使你们在追求一些虚无缥缈的乐趣时丧失对真正的幸福和道德的追寻;你们也不会贫穷到需要邻国的帮助。同时你们还可以轻而易举地拥有珍贵难得的自由,而那份自由在别国是需要通过过高的征税来维持的。

这一共和国的组成是多么明智与幸运啊,所以为了它能成为其他国家的模范,为了它的国民们的快乐,祝愿这个共和国能永存。这是你们仅剩的祈祷,也是你们唯一需要关心的事了。从今以后你们也不必担忧你们的未来,因为你们的祖先都已为你们斩去荆棘,你们只需要担忧如何维持这份幸福。你们的生存取决于永久的联盟、对法律的遵守和对部长的尊敬,如果苦难和猜忌正加速破坏着你们的生存,你们必须赶紧掐灭它的势头,因为它迟早会带来厄运并摧毁这个国家。我恳求你们面对自己内心深处的想法,倾听良心的私语,你们之中还有谁能在世界上找到一个比你们的长官更正直、更开明、更高贵的人呢？难道你们的长官没有在律己的美德上、朴素的作风上、对法律的敬畏上以及真诚的态度上为你们树立榜样吗？

因此，毫无保留地将你们的信任托付给贤明的长官吧，因为这种信任理应被托付给有美德的人。考虑到是你们选择了这些长官，长官们也会证明你们的选择是对的，因此这些你们赋予长官们的荣誉最终也会轮回到你们身上。你们之中没有人会愚蠢到不知道当法律丧失了它的强制力、当守卫者丧失了他们的权威时，你们便再无安全和自由可言了吧。因此，带着虔诚的心以及适当的信任，从你们真正的利益和义务出发，去做你们应该做的事情吧，这还有什么需要考虑的呢？

在宪法的维护方面，你们永远都不要持一种致命的冷漠态度，因为这会让你们在必要时忽视那些最明智和最热心的人的忠言。且让公平、节制的美德和坚定的决心继续规制你们的行为，将你们自己展示给全世界一个英勇谦逊、既热爱荣誉也热爱自由的形象。特别要注意的是，也是我对你们的最后一个忠告，那些带有阴谋的建议与谣言，它们本身所藏的动机往往比这些行为本身要危险得多。房屋一旦有了忠实的看门狗，便会在小偷接近的时候响起第一声警报，这时一整个屋子的人都会惊醒；但是我们却厌恶那些野狗们不停地狂吠，因为它们扰乱了社会的安宁，一旦这些野狗们习惯时不时地发出狂叫声，即使是真的有小偷入侵，我们也不再相信。

你们，最光荣伟大的执政者们、自由人民们尊敬的长官们，[1]请允许我特地向你们献上我的敬意和忠心，如果世界上存在着能将所有荣誉授予给它的一种地位，那么毫无争议它是由美德和才能铸就的。你们这些长官们具备这些才能，于是你们值得拥有这样的地位，因此你的同伴们才把你推到那一位置上去。你们的同伴们的价值为你们增添了新的光彩，因为你们是由能领导别人的人选举出来领导他们自己的，所以我认为你们比其他的官员都要优越，就像一个自由的民族的智慧和理性要远远高于其他民族一样，尤其是你有幸统治的这个民族。

请允许我举一个例子——这个例子给我留下了很好的印象，并且一直记在我心里。每当我想起那位赐予我生命的有道德的公民时，一种感激之情油然而生。在我幼年时，这位公民常常教导我尊敬你们这些伟大的长官。这位公民用自己的双手谋生、追求真理的形象仍然常常浮现在我的脑海里。我看见塔西佗、普鲁塔克和格劳秀斯的作品和这位公民的行业

[1] 卢梭在日内瓦向男同胞们发表演讲后，再转向该市的地方官员。

所需要的各种工具陈列在这位公民面前，旁边站着他亲爱的儿子，接受着这位公民所给的最好的教育，只可惜这位儿子没能从中学到什么。[1] 尽管荒唐的青年生活曾让我忘记了谆谆教导[2]，但最后我也很高兴地意识到，无论一个人有着怎样的恶习，他总会被充满爱的教育感化的。

我最光荣伟大的君主们，这便是在你们统治之下的公民甚至普通公民的状况。他们都是聪明并且明理的人。但是在其他国家，这些聪明的人却被称为工人或者平民，并总是被赋予一种低贱和错误的观念。我很坦然地承认我的父亲在他的同胞们之间并不杰出，他和大多数普通人一样。但是，无论在哪个国家都会有人想要来接触了解他那样的人，即使是那些品德高尚的人与他接触下来，也会觉得受益匪浅。

这本不应该由我说，同时也无须我对你们说，像我父亲那样的人们，应当得到你们怎样的尊敬。他们所受的教育、他们的出生和他们所具有的权利，和你们这些官员是平等的，他们的地位之所以比你们低，那也是出于他们的自愿、出于敬畏你

---

〔1〕 这里是对卢梭父亲的吹捧描写。

〔2〕 “荒唐的青年生活”是在卢梭厌恶学徒生活之后出现的。在一个星期天（1728年3月14日），卢梭开始了在欧洲大陆的多年游历生活，他的经历既古怪又多变。在游历中，卢梭自学成才。1744年定居巴黎后，他在法国勉强维持生活，直到凭借获奖作品《论科学与艺术》而声名鹊起。

们的伟绩、出于感谢你们,因此,你们对他们也应怀着一种感激之情。

我很高兴地了解到你们对我父亲那样的人们所表现出来的正直与谦逊,是为了缓和法律执行者的严肃,对于我父亲那样的人们对你们的尊敬和服从,你们是以何种的敬重和关怀来回报他们的。这是正确并且明智的做法,因为它冲刷掉那些本不应该再提及的灾难,更为明智的是它使那些慷慨公正的人恪尽职守,并理所当然地向你们这些官员表达出敬意,使那些最着重维护自己利益的人变成最维护你们权益的人。

文明社会的统治者心系整个社会的幸福与荣誉,这一点是不足为奇的,但这对于这些把自己看作官员,抑或把自己看作一个更加庄严神圣国家的领导者来说,如果这些人能对这个养育着他们的国家表现出一些热爱,这该是何等的幸运啊。我能很愉快地说出一个对我们有益处的罕见的例外,并能把那些法律所认可的神圣的教条的热情受托者,那些值得尊敬的人类灵魂的牧师,列入最好的公民行列之中。这些人以身作则,用卓越的口才把真理的格言传颂到人们的心中。世界上的人都知道说教这门艺术在日内瓦取得了多大的成功,但人们已经看惯了说一套做一套,因此很少有人有机会知道我们的传教士是多么具有基督教精神，这些传教士懂礼仪、严于律己，并且有一颗宽容的心。

也许只有日内瓦才能在神职人员和文人之间树立完美结合的榜样，我把永恒的安宁寄托在日内瓦人的智慧、律己的美德以及他们对这个国家繁荣的热忱上。同时，我以一种掺杂着惊讶和敬畏的心情注意到这些日内瓦人有多厌恶这讨厌的野蛮人制定的可怕格言。这些野蛮人表面上是为了维护所谓的上帝的权利，实则却是为了维护自己的利益，甚至不惜大肆杀戮来换取别人的尊敬，这在历史上是屡见不鲜的。

我不会忘记占共和国半数的尊贵的妇女，是她们给男人们带来了快乐，她们的甜美与审慎使国家保持着安宁美好。[1] 我们必然是在亲切且具有德行的日内瓦女同胞们的支配之下的，只要你们这些日内瓦女人是为了国家的光荣以及民众的快乐才运用你们在家庭中所拥有的威严，那我们就是幸运的。正如斯巴达的女性占据着优势地位那样，同样地，在日内瓦，你们这些女人也有资格占上风。是什么样的野蛮男人能够抵抗来自迷人妻子的那充满荣誉又具有美德的声音呢？虽然你们这些日内瓦女人衣着从简，但你们从内心散发

[1] 卢梭现在转向日内瓦的女性公民。严格地说，“公民”只是日内瓦的五个阶层之一，公民的政治权利只对男性开放。

出来的光彩又似乎是最美的,每当看到此种情形,有谁不会鄙视无用的奢侈心呢?

你们日内瓦女人的任务就是用你们的影响力、用你们那简单且柔和的规则来保持人民对于国家法律的热爱以及公民之间的和谐;用幸福的婚姻来使那些分裂的家庭重归和好;最重要的是用你们那温和且有说服力的教导和谦逊优雅的谈吐来纠正我国的青年人在别国习得的奢侈之风。这些青年人除了在放荡的女人那里学来的轻佻与不务正业外,他们没有学到任何有用的东西,还带回我们所不知道的那些所谓的对富丽堂皇的赞扬,而这仅仅是对作为奴隶的人们的无用的补偿,离真正高尚的自由还差得远。因此,我希望你们女人一直像现在这样,做一个守卫美德的人,做一个和平的守护者。为了公民的职责和道德,继续行使你们那基于良心和自然的特权吧。

我把公民的共同幸福以及共和国的荣誉寄托在以上的基础上,而且我自认为我的做法不会与事实相悖。必须承认的是尽管共和国有着所有的这些优点,它也不会闪耀到使大多数人们的眼睛眩晕;且对这种光辉极大的爱好便是幸福和自由的死敌。

让放荡的青年人去别处追寻这种浮于表面的快乐和长久

的懊悔吧；让那些虚假的人到别处去赞赏华丽的宫殿、精美的装备、奢侈的家具、浩大的排场以及其他一切骄奢吧。日内瓦只有平凡的人，但这种平凡本身就有它自己的价值，那些想见到日内瓦公民的人们和那些羡慕其他事物的人相比，一点也不逊色。

最光荣伟大、最神圣的执政者们，我心系国家的共同繁荣，希望你们能以同样的善意接受我恭敬的致辞。如果不幸因为我内心的情绪过度激动，做出了不当的言论而冒犯到你们，我恳求你们原谅我的冒犯，考虑到我这个爱国者对国家的感情以及我的忠诚而饶恕我，因为我最大的幸福莫过于看到你们大家都幸福。

最光荣、伟大、神圣的执政者们，我向你们致以最崇高的敬意，你们最谦逊、最顺从的仆人以及同胞们。

让·雅克·卢梭

1754 年 6 月 12 日于尚贝里

序

对我来说,我认为人类中最有用也最不完备的就是人文科学,我敢说刻在德尔斐神庙上的铭文[1]包含的箴言比所有道学家的作品都要深刻重要得多。我认为接下来的论题是所有哲学家们提出来的有重大意义的问题之一,不幸的是,这也是哲学家不得不解决的棘手的问题之一。因为如果我们不首先了解人类的话,我们如何得知人类之间不平等的起源?随着时间的逝去和环境的变化,人类的原始状态也发生了变化,如果我们不了解这些变化,我们如何知道我们在最初的自然状态下的模样。

我们又如何把我们所具有的本质特征和因为环境和进步而使我们的原始状态发生改变的那部分特征区分开来呢?就

---

〔1〕 德尔斐神庙的铭文是"认识你自己"。

像格劳克斯(Glaucus)[1]石像一样,由于时间、海水和风暴,它的外表已经受到侵蚀,这使它看起来更像一头野兽[2]。所以,社会上存在着的种种原因、众多谎言和真相、身体构造的变化、情感的冲撞,这些都会使人的灵魂有所改变,甚至使它远离人的最初的状态而变质。再也不会有人循规蹈矩,再也不会有人心平气和,只剩下自认为合理的情感与处于神志不清中的状态的强烈对立。

更残忍的是,人类所前进的每一步都使自己离原始状态更远,我们越是探索得更多,我们就越是无法理解最重要的事情。因此,从某种意义上来说,正是我们对人的研究使我们更无法理解人类了。

显而易见的是,正是发生在人类身上的这些连续的变化使我们必须寻找区分人类这些不同的根源,人与人之间是平等的,就像由于生理上的原因使动物之间产生我们还能察觉到的种种差异之前,每种动物都是平等的那样。

事实上,尽管这些变化已经产生了,但是我们总不能说所

〔1〕 格劳克斯是希腊神话中的海神。

〔2〕 柏拉图(《理想国》第10卷)将人类的灵魂比作格劳克斯,灵魂与肉体结合之后,改变了原有的面目,致使人们认不出他不朽的本质。卢梭在此引用此比喻,赋予了灵魂另外一种含义。

有的这些最初的变化都是在同一时刻以同样的方式改变了所有的人类。我们能很自然地想到,当一些人变好或者变坏,或者接受他本身所没有的好的或者坏的品质的同时,而另一些人则持续停留在最初状态。这无疑是人类不平等的第一个起源,只不过这样概括地指出要比精确阐明原因容易得多。

不要让我的读者们因此设想我自诩能发现很难发现的东西,我只不过是提出了一些论点,做了一些假想,与其说这是希望解决问题,还不如说是阐明自己的一些观点,揭露问题本身。另一些人可能在这条道路上走得更远,但其实我们终将发现抵达终点是一件很困难的事。因为从人类的真正的本质来辨别什么是原始的、什么是人工的,或者去形成一个不再存在的、从来没有存在过的,抑或将来也不会出现的关于状态的真正概念,并不是一件容易的事。但是,为了对我们目前的状态有一个合适的判断,我们必须要有一个正确的观念;而要想精确说明为了能在这一主题上做出扎实的研究所需要注意的事项,是需要一种我们所想象不到的高深哲学的;我认为能解决以下问题的人可以称作为现时代的亚里士多德和普林尼。那就是为了认识和了解自然状态下的人类,我们应该做些什么样的试验呢?又应该怎样在社会状态下做出这些试验呢?

我并没有要解决这些问题,我认为我对于该问题已经做了足够的思考，且我敢事先宣称即使是最伟大的哲学家和最强大的君主也不一定能足够伟大到能指导该试验。更别说期望双方共同坚持、穷尽智慧来互相协作，因为这是很不合理的。

这些试验都很难进行且迄今为止涉足尚浅，但它却是消除我们在对人类社会的真正基础认识上的众多疑惑的唯一办法。正是我们对人类本性的无知，才导致了自然权利的真正概念的不确定和晦涩。柏拉马基[1]说过：权利的概念，尤其是自然权利，都明显与人类的本性相关。他还说道：因此，我们正是从人的本性、人的构造与状态出发，才能推论出这一学科的首要原则。

我们很惊讶地发现关于研究这个伟大学科的作者之间很少有观点一致的。在稍具权威性的作家中就很难有一样的观点，更别说古代的哲学家了，当只是涉及最基础的原则时，他们便极力去反驳对方。罗马法学家使人类和动物毫无差别地都服从于同一自然法，因为这些法学家宁愿认为自然法这一名词是自然强加给自己的法则，而不是规制他人的法则，又或者是因为法学家们是以某种特殊的方式来理解“法”这一术

〔1〕 柏拉马基(Burlamaqui，1694—1748年)，日内瓦科学院教授，其作品有《自然权利原理》《政治权利原理》。

语。所以这些法学家们在这种场合仅仅只用这一名词就能理解各生物间为了共同生存而建立起的一般关系。当代的法学家们将“法”这一术语仅仅理解为对具有道德的,也就是说,对具有智慧的、自由的以及与其他生物之间的联系中最被看重的那种存在物所制定的一种规则,因此当代法学家将自然法的管辖范围限制于人这唯一具有理性的动物。

但是,每个人都以自己的方式来定义“法”这一术语,他们将这一定义建立在形而上学上,以至于我们之间很少有人能够理解这一术语,更不要说自己发现它了。[1] 尽管这些大学者之间存在很大的分歧,但他们却在一点上达成共识,那就是除了那些爱好推理者或者知识渊博的形而上学者外,要明白自然法并且遵守自然法是不可能的。也就是说,人们为了建立社会而战胜巨大的困难习得了一种能力,这种能力就算是在社会状态下,也只有极少数人才具备。

我们对自然了解得甚少,又在“法”这一术语的理解上有着很大的分歧,所以对我们来说想要对自然法下一个准确的定义是很难的;因此我们在书本上所见的关于法的定义,它们除了不一致外,还起源于不同的文化背景,这种文化并非人类

[1] 卢梭在这里既指格劳秀斯、普芬道夫等法学家,也指霍布斯和洛克。

天生就拥有，而是来自人类脱离自然状态后所拥有的优势。当代作家先以哪种规则能对人类的共同利益有利出发，然后给这些规则命名为自然法，他们的唯一根据就是从普遍实践中得到的益处。这无疑是一种简单地下定义的方法，也是解释事物性质最简便的方法。

但是如果我们对自然状态下的人类一无所知，那么对于我们来说想要去确定从人类出生起就遵守的法则，或者去判断哪种法最适合他，这无疑是枉费心思的。我们所能确信的是，如果它要成为法，而且还要成为自然法，那么它所约束的这些意志必须具备知识服从于它，而且这些意志还必须通过自然的声音表达出来。

因此，将那些只展示给我们既成的人类状态的书籍搁置在一边，去考虑人类最初且最简单的精神活动吧。我想我能察觉到先于人类理性存在的两大法则：一种使我们对自己的幸福和保存深感关切；另一种是当看到一些感性的事情，尤其是自己的同类经历痛苦或者死亡，人类便会产生一种自然的反感之情。在不需要引进社交性[1]的前提下，我们的认知力就能协调结合这两种法则，而且我认为自然法的所有法则都

---

[1] 普芬道夫认为“社交性”是“自然权利的基本法则”。

源于该结合。之后,当我们的理性不断发展直到丧失了自然本性的时候,这种结合就不得不建立在其他基础之上了。

因此,我们不应该在人类成为一个人之前而将他变为哲学家,人类对其他人应尽的义务也并不只是在拥有了智慧之后。只要他不压制内心所涌上来的同情心,除非在正当场合下他的自我生存受到了威胁,他不得不先保护自己外,他将永远不会伤害别人,也不会伤害其他生物。通过此种方法我们也结束了关于动物是否遵守自然法这个古老争论,因为对于没有智慧和自由的生物来说,它们根本就不知晓法律。但是它们在某些方面也有着和我们一样的天性,因此人们认为它们也应该遵守自然法,甚至人类对它们也负担着某种义务。事实上,我不伤害我的同类,这并不是因为我的同类是有理性的生物,而是他们是有感情的生物。既然这种感情在人类和动物之间都存在,那就应该给予后者不被前者虐待的权利。

这个关于原始人类、他的真正意愿以及他的义务的基本原则的研究,也是我们解决所有有关道德的不平等、政治团体的真正基础、国民的相互权利以及同样重要且晦涩的相似话题上所产生的难题的唯一合适的方法。

如果我们以一种镇静、公正的眼光去看待人类社会,好像最初我们只能看到强者的暴力与被压迫的弱者。于是我们对于强者的残忍感到震惊，抑或哀叹弱者的无知。没有什么东西能比这些称为强弱富贫的对外关系更不持久的了，这些对外关系产生于偶然，而非智慧，所有的人类制度初看都是建立在流沙堤上的建筑物。只有细看，拂去尘沙，我们才能看到这一建筑的扎实根基，并学会尊重这一基础。

但是如果我们对人类、人类天生所具备的能力以及人类的不断发展没有认真研究的话，我们就永远不能做出这样必要的区分，也不能在事物的实际构成中，区分开哪些是神的意志所带来的，哪些是人类自己的变革。因此，对于由该重要问题引发的关于政治和道德的探讨，从各个方面来看都是有用的；我所推测出来的各种政权的历史对人类来说也是一个很好的借鉴。

考虑如果任由自己发展，我们将会变成什么样子，我们就应该为这个伟大的造世者祈福：他亲切的双手纠正了我们的制度，并让这个制度有一个稳定的根基，这个根基能抵御种种混乱，并使这些看起来会带给我们痛苦的源头变为快乐。

了解上帝命令你做什么样的人？

你在人类中拥有什么位置？[1]

[1] 参见佩尔西乌斯：《讽刺诗》。

本 论

我将讨论的是人类，正是该问题的讨论完全地启发我将要与人类进行对话，因为只有勇于崇敬真理的人才会提出这类问题。因此，我挺立于邀请我的贤者面前，满怀信心地为人类辩护。如果我没有亏负我的主题和我的评判员的话，那我将非常高兴。

我认为人类有两种不平等：一种我称为自然或者身体上的不平等，因为它是由自然所确立，这种不平等体现在年龄、身体状况、体力以及思想深度或者说灵魂深度的差异上[1]。另一种我称为道德上或者政治上的不平等，因为它取决于一

[1] 卢梭的说法是“des qualites de lesprit ou de lame”。尽管 lesprit 可能意味着“精神”或“灵魂”，但它总是被翻译为“心灵”，这样做可能会使原本意思有所缩小。

种公约,这种不平等是在人类共同意志上建立起来的,或者至少它是经人类认可的。政治上的不平等表现为一些人通过损害他人利益而享受的各种特权,比如富于别人,尊贵于别人,强大于别人,甚至使别人服从于自己。

问及自然上的不平等的起因是没有必要的,因为自然上的不平等这几个字就已经告诉我们答案了。问及在两种不平等之间是否有实质的联系就更没有必要了,因为换句话说,就相当于我们问及这些发号施令的人是否必定优于服从命令的人,这些人所具有的体力、智力、才华或者品德是否总是与他们所拥有的财富或者权力成正比。这样的问题被奴隶讨论并由他们的主人旁听也许是合适的,却不适合被那些追求真理的自由且理性的人提及。

那么论文所要讨论的究竟是什么问题呢?它是要指出,在事物的发展过程中,权利代替了暴力,本性开始服从法律这样的事情是在什么时候发生的;强者屈服于弱者,人们愿意以真正的幸福来换取空想的安逸这样的事情是源于什么样的奇迹。

审视过社会基础的哲学家们都认识到回溯到自然状态的必要性,但是没有任何人做到了这一点。一些哲学家毫无顾虑地设想在自然状态中人们拥有正义和不正义的观念,但是却不证明自然状态下的人们是否一定有此种观念,也不指出该种观念对他们是否有用。还有一些人谈及自然权利,即每个人都有权保留属于自己的东西,但却没有阐述属于该词的含义。再有一些人赋予强者凌驾于弱者之上的权力,并认为政府因此产生,他们并没有想到,在权力以及政府这些词刻印在人类脑海里之前,是需要很长的一段时间的。总之,这些在需求、贪婪、压迫、欲望和骄傲等词上喋喋不休的人,已经把从社会中心获得的观念调往到自然状态中去了。因此,虽然他们讨论的是野蛮人,但描述的却是公民。而且很少有学者对自然状态是否真的存在过提出怀疑,甚至在圣经中描述的已经从上帝那里接受智慧和训诫的人类始祖亚当,也从未存在过自然状态。如果我们相信摩西,就像每一个基督教哲学家相信他那样,我们就必须承认,即使是在洪水暴发之前,自然状态也根本不存在,除非有一些特殊事故发生而使人们重回自然状态,这是令人尴尬的悖论,完全不可能被证明。

我们把这些事实抛在一旁,因为它们与我所讨论的问题无关。不要把我们对所探讨事项的研究当作历史真理,而是要把它们当作有假定和有条件的推理,它们更适合阐述事物的性质,而不是表明事物的真正起源,就像我们的自然学家每天对这个世界的组成所作出的推理一样。宗教让我们相信是上帝把人类从自然状态中脱离出来,并且人类是不平等的,因为这正是上帝的本意。但是宗教并没有禁止我们单从人和人们周边事物的性质来揣摩倘若任人类自由发展的话，他们的命运又该是什么样，这正是我将要回答的问题。由于我所研究的主题关乎大多数人的利益，所以我尽量使用一种适用于各国的语言；或者准确地说，忘掉时间和地点，只单单想着我所对话的那些人，假定我站在雅典的演讲厅里，在柏拉图和色诺克拉底两位裁判员面前，整个人类是我的听众。

啊，人啊，不论你是哪个国家的人，不论你有什么样的想法，请听我说，你应该了解你的过去，我认为我已经对我们的过去有所了解了，但并不是在由所有谎言编撰而成的书里读到过，而是在那从不撒谎的自然中读到过。大自然的所有东西都是真的，除非我不小心掺入了自己的想法。我所要讲述的时代是非常遥远的，你和你以前的模样相比起来，发生了多大的变化啊！我所要描述的将是你们这同一类人的生活，我是根据你们那被所受的教育和养成的习惯所侵蚀但却没有消失的品质来进行描述的。我认为存在一个人们选择停留并希望自己的同类停留在那里的时代。你们不满你们的现状，因为它会带给你们的后代们更大的不满，所以，你们或许会愿意倒退回去。这种情感是你们对你们祖先的赞颂，对你们同时代人的谴责，以及是你们不幸的后代们感到恐惧的原因。

PART 1

第一部分

野蛮人的生理层面

为了对人的自然状态有一个正确的评价,为了探索其起源,从人类最初的胚胎时期来对其进行研究也许至关重要。但我并不准备从人类的连续发展直至完善这一过程来追踪它的构造,而是去探寻人是怎样从在动物体系中最初的样子发展成为现在的样子;我不准备去询问是否如今人类的指甲就是之前弯曲的爪子,就像亚里士多德所想的那样;是否之前人类的身体就像熊一样,覆盖了厚厚一层毛;是否原始的人类是用四只脚走路,眼睛朝下,视野狭隘,因此他的观念的性质和范围无法马上被决定。在这些事情上,我只能做一些模糊且近乎想象的猜测。由于比较解剖学到现在还没有较大的进步,自然哲学家们的观察也不是那么确定,因此我们还不能够以此为依据来建立基础。正因如此,如果我不求助于我脑子里储存的那些超自然知识,也不注意当他将肢体用于新的目的或新的食物而发生的身体的内部和外部的这些变化的话,那么我将认为他的身体组成一直如此。就像我们如今所见的那样,用两只脚走路,像我们一样正常使用双手,望向整个大自然,用眼睛估量没有边际的天空。

如果我将人类所获得的所有超自然力量和需经过漫长过程才能获得的后天能力从他身上剥离开,总之,就是把人类设想为出自于自然之手,那么,他会比别的动物更加不堪一击和消沉,但是,总体来说,人类的组织构造又是最好的那一个。我看见他在橡树下沉浸于进食,在小溪旁饮水,在为他提供食物的树下面栖息。人类所有的愿望都得到了满足。

肥沃的土地上生长着茂密的树丛,从未被砍伐过的树林为各种动物提供庇护所和食物。穿梭在动物之中的人类观察和模仿着它们,因此兽性被唤起,尽管每一类野兽都有属于自己的优势,而人类却一无所有,但他却能将其他动物所具有的优势学为己有,和其他动物一样靠着不同的食物充饥,因此,在此种情况下,人类更容易获得食物。

人类从出生起就适应了恶劣的天气,习惯了不同季节的严酷;为了生存和避免食物被其他生物所掠夺,或者至少是为了维持威信,他们终年疲劳,赤手赤脚地进行防卫,因此收获了一个长期强健的身体;他们的孩子,从一出生就具有了卓越的体格,并通过同样的训练加强体格,由此达到人类身体力量的极限。自然对待他们就像斯巴达的法律对待公民的孩子那样,大自然使那些生来健全的人更加强壮和有力量,同时摧毁其他人。这与我们的现代社会是不同的,在现代社会,孩子是父母的负担,这使这些孩子甚至在胚胎时期就已经不加区分地被扼杀了。

身体是野蛮人唯一拥有的工具,野蛮人将它用于多种途径,如今由于缺少训练,我们已经丧失了身体的很多用途。正是这些技能使我们丧失了野蛮人的力量和敏捷。因为如果拥有一把斧子,他们的双手还能轻而易举地折断强壮的树枝吗?如果拥有一台吊索,他们还会远距离有力地抛出一块石头吗?如果拥有一架梯子,他们还能敏捷地爬上树吗?如果拥有一匹马,他们还能如此快速地奔跑吗?如果给文明人一些时间来收集他周围的所有机器,那么毫无疑问他将强于野蛮人。但是如果你还想看一场更加不公平的比赛,试想一下,将他们面对面地赤裸着徒手站着,你会发现野蛮人不断蓄力,并随时准备着应变,这便是野蛮人的优势。

霍布斯认为,人生来就无所畏惧,好战好斗[1]。而另一名哲学家[2]的观点却与之相反,他认为,在自然状态下,没有任何生物比人类更加胆小了,这也是坎伯兰(Cumberland)[3]和普芬道夫的观点。人类总是处于担惊受怕中,任何细小的举动都可能让他逃走,这对于他所不了解的事物确实是这样的。毫无疑问的是,任何新事物的出现都可能使人类受到惊吓,因为他无法分辨事物的好与坏,他也无法估量自己的作战能力。但这种情况在自然状态下是很少见的。在自然状态下,所有的生物都循规蹈矩,大地并不会因为人类的情感或者变化无常所造成的突发性或者持续性的变化而受影响。

但是在动物之中的野蛮人,他们不具有社会性也没有固定的住所,很早就开始和动物们进行角斗了,当这些野蛮人发现他们在灵敏度上的优势大于对手在力量方面的优势时,他们便不再害怕。假如让一头熊或者一只狼来对抗强壮灵敏的野蛮人,野蛮人手持石头和木棍,你会发现双方的处境都很危险,在经过好几次这样的试验之后,不好斗的野兽在发现野蛮

----

〔1〕“因此,我首先提出全人类的一种普遍倾向,一种无休止的对权力的欲望,这种欲望只有在死亡时才会停止。”参见霍布斯:《利维坦》。

〔2〕指孟德斯鸠,参见《论法的精神》。

〔3〕坎伯兰(1631—1718年),《论自然法》的作者,他是霍布斯的论敌,主张“万物性善说”。

人与它们同样凶猛后,也不再攻击他们了。对于那些在力量上的优势大于野蛮人在敏捷上的优势的动物来说,野蛮人就和其他弱小的生物一样,绝处逢生。人类较于弱小的动物还有其他优势,即人类与动物具有同样的奔跑速度还随处都能找到栖息之地,人类可以自由地选择住下还是离开,面对对手时,他们可以自由地选择迎战还是逃跑。谈到此处,我们还须知道没有动物与生俱来就喜欢攻击人类,除非是为了自我防卫或者处于极度饥饿的时候;而且没有动物对人类带有与生俱来的反感,好像一种物种生来就要以另一种物种为食那样。

但人类还是会有更强大的敌人,在这个敌人面前,人类将束手无策。这个敌人就是软弱、幼小、年老和疾病等人类与生俱来的缺陷,这些都证明了人类的脆弱,前两个是所有动物都会面临的,后几个主要是社会中的人类才有的。对于幼小这一缺陷,我甚至观察到,人类母亲走到哪儿都带着孩子的这个能力大大方便了母亲对孩子的照顾,这比那些奔波往返于觅食与哺乳之间的雌性动物要方便得多。可以肯定的是,如果一个母亲不幸丧生,那么她的孩子也必然会面临死亡的危险。这种危险对成百上千的动物都是很普遍的,因为留下的后代都要自食其力。如果我们的幼年期很长,那么我们的生命也会很长。因此,照此种说理,所有的生物都是平等的。即使幼年期的长短以及幼儿的多少可能还遵循着其他的规律，但这不是我讨论的主题。对于年老的人来说，随着他们生存能力的减弱，他们对食物的需求也变少了，野蛮的生活使他们免受痛风和关节炎的折磨。老去是人类最无能为力的事，他们最终会死亡，这些年老的人们的死亡消失不会被任何人所感知，几乎连他们自己也渐渐麻木了。

谈起疾病，我不应该重复那些健康的人所说的药物无用的谬论，我应该仅仅提及是否我们一定可以得出在医术不发达的地方的人比医术发达地方的人寿命要短的结论，但是如果是我们自己招致的疾病太多，以至于药物都无法治疗，那又是什么样的情况呢？生活在不同阶级的极度不平等导致一些人自暇自逸，一些人忙忙碌碌，我们的感官享受很容易被满足。富人们大酒大肉，由此消化不良，穷人们饥肠辘辘，一有机会他们便会狼吞虎咽。富人们寻欢作乐，不加节制，导致精疲力竭，最后使每个阶层的人都饱受折磨。这些都很好地证明了人们的大多数疾病都是他们自找的，但也许如果我们遵守自然赋予我们的简单、始终如一、孤单的生活方式就会避免此种情况。

如果大自然意指要人类健康，我敢断言人的沉思状态是一个反自然状态，而思考着的人类变成了堕落的动物。当我们想到野蛮人还没有被酒精摧毁的强健体格时，当我们想到野蛮人除非意外受伤和年老，而不受疾病缠绕时，我们就可以认为人类的疾病史总是伴随社会的发展史。就像柏拉图认为的那样，他根据围攻特洛伊时波达利尔（Podalirius）和玛卡翁（Machaon）[1]所用过的或者赞同过的药物推定，这些由药物带来的疾病，在当时还不为人所知。[2]

因此，处于自然状态下的人们很少患上疾病，同时药学和医学都不怎么发达，但人类也没有由此比其他种类的动物更需要同情，或许你可以问问那些爱好打猎的人是否在途中又遇见病弱的动物，他们遇到过许许多多身负重伤的动物，其中一些还伴随着骨裂，摔断了胳膊，但是最终这些伤口都很好地愈合了。在没有外科医生的情况下，人类除了正常的生活外，也没有任何的养生方法，他们仅仅依靠时间以及自身技能就能很好地恢复，而不用受手术刀的折磨、药物的毒害以及忌食的磨耗。总之，无论药品对如今的我们起着多大的作用，但是我们仍然可以认为即使生病的野蛮人孤立无助，只能依靠大自然，可是另一方面他们除了生病以外也别无畏惧，这就使野

[1] 波达利尔和玛卡翁两个人在特洛伊前线当医生。

[2] 比较亚里士多德的观点："驯服的动物比野生的动物有更好的本性。"参见亚里士多德：《政治学》。

蛮人的处境优于我们。

因此,我们不要把野蛮人和我们当前所见面交谈的现代人搞混了,大自然总是偏爱着它所照看着的动物,仿佛是为了证明拥有此项特权是一件多么令人嫉妒的事。生活在丛林中的马、猫、公牛、驴都比家养的体格更强健,比家养的它们更有力量更活跃。但这些生活在丛林中的马、猫、公牛、驴一旦变为饲养动物,那么它们的优点便少了一半。好像我们对它们的精心照料反而只会使它们退化。就像人一样,当他融入社会变为奴隶的同时他也变得更懦弱、更恐惧、更卑鄙。他安逸的生活也把他的力量和勇气磨得一丝不剩,我们也许会说,文明人和野蛮人的区别肯定比野兽和家畜的区别更大些。因为大自然对人和野兽一视同仁,但人对于自己和对他们驯养的动物却不尽然,人给予自己的享受要比他们给予动物的多得多,这就是为什么人退化得如此之快。

因此,对于这些野蛮人来说,就算没有住所或者没有我们认为那些很必需的物品,也不是那么糟糕了,而且这些必需品的有无对他们的生存也没有很大的妨碍。野蛮人的皮肤上没有毛发,在暖和的天气就算没有发毛也没关系,一旦天气严寒,他们也很快就学会用动物的皮毛来御寒;原始人虽然只用两只脚来奔跑,但是他们的双手能够保护自己并且能捕获他们想要的食物，让他们的孩子学会走路也许花费了很多的时间，但是作为母亲的野蛮人却能很容易地携带他们，这是其他动物所不具有的优势。在其他动物中，当母亲被追逐时，它们不得不丢弃孩子，不然的话它就要为了适应孩子的小步子而被捕。总之，除非我们遇见后面我将谈论的这些奇怪的或者偶然的情况，虽然这些情况可能永远不会发生，但很清楚明显的是第一个为自己制作衣服或者建筑住所的人，其实是给自己带来了不必要的东西，在此之前，即使没有这些东西，他也活得很好，所以为什么在他成年之后反而不能忍受他幼年时所过的那种生活呢？

孤独、闲散的生活总是伴随着危险，野蛮人一定很喜欢睡觉，而且像其他动物一样不敢熟睡，野蛮人很少思考问题，可以说在不思考的时候，他们几乎都在睡觉。他们的目的就是养精蓄锐，他必须经常锻炼攻击或者自我防卫的能力，这要么是为了征服他的猎物要么是为了不成为别人的囊中之物。相反地，只需要安逸与享受便可满足的这些器官，只会以粗蛮的方式存在，终与所有的精妙不相容，因此，野蛮人的感官会出现差异，他的触觉和味觉会变得极度的粗糙和迟钝，然而他的视力、听力和嗅觉还是如此灵敏。这是动物普遍有的状态，如果我们相信一些旅行家的记载的话，大多数野蛮人也都是这样的。因此我们不必惊讶,为什么好望角的霍屯督人只用眼睛就能发现海上的船只,而荷兰人却要用望远镜;为什么美国的野蛮人光凭借嗅觉就能追踪西班牙人,就像最好的猎狗的鼻子一样灵敏;为什么那些野蛮人不会因为赤裸着身体而感到羞耻,他们用很多辣椒来让食物变得美味,喝欧洲的烈酒如饮水一般。

到这里为止,我仅仅是在讨论人的身体方面,现在我要从形而上学和精神层面上来对人类展开讨论了。

野蛮人的精神层面

任何一种动物都是一部精美的机器，[1]大自然给这部机器上了发条，使它可以在一定程度上能对任何可能伤害他的动物进行防卫。人类这部机器也是一样的，只是对于动物来说，大自然是一切的支配者，而对于人来说，他可以自己支配某些东西。动物根据本能进行选择，而人根据自由进行取舍，这也是为什么动物总是循规蹈矩，而人却可以打破规则。因此，鸽子会饿死在装满美味肉食的碗旁，猫会饿死于水果或者谷堆上，其实它们也不是不能以它们所鄙视的这两种食物为生。正是因为这样，越来越多风流的人才会染上疾病而死，因为思想能侵蚀感官，当自然的需求被满足时，意志却还在驱使着我们。

---

[1] 这是笛卡尔的观点，在18世纪很流行。

所有的动物既然都有了感官，也就一定有了思想，它们甚至能在一定程度上将自己的思想进行组合，以至于在思想这个层面上，人和动物仅仅在程度上具有差别[1]。一些哲学家甚至提出，人与人之间的差别比人与动物的差别要更大。与其说人与动物的差别是在于理解能力上，还不如说是在两者的自由程度上。动物总是听从自然的支配，人虽然也一样，但是人自认为具有服从或者违背的权利。正是因为人意识到了此种自由，所以灵魂才有了悟性。自然哲学解释了感官的机械化和思想的结构化，但是对于意志力或者选择力和对这两种力量的认知来说，我们只能发现一些纯精神上的活动，并且不能用机械学来解释它。

尽管在这个问题上的重重难点，使我们在人和动物的区别上仍然留有争论的余地，但是，在人和动物之间还有一个非常明显的特征可以在不引起任何争论的情况下将它们区分开来，那就是自我提升的能力。这种能力受环境所影响，进而不断地激发其他能力，而且这种能力既可以存在于群体之中也可以存在于个人身上。一只野兽仅仅需要几个月就可以长大成型，并且一直以这种模样生存下去，而且它的同类，即使再

〔1〕这里卢梭不承认笛卡尔的感性和理性是对立的这种观点，这里的文字是受了感觉论的启发。

过一千年也不会有什么变化。为什么只有人类才容易衰老呢？难道不是因为人类又重回最初的样子了吗？难道不是因为动物既一无所得，也一无所失，因而它总是维持着它的本能？难道不是因为人类会随着老去、事故而死亡并丧失一切，从而回到连禽兽不如的状态吗？当我们被迫承认：这种区别和几乎无限的能力是所有人不幸的源头，正是这种能力把他们从安逸朴素的原始境况下脱离出来，正是这种能力赋予人类创新和愚昧、美德和邪恶，久而久之，使人类成为自己和自然的暴君。奥里诺科河的居民们最先之所以将木板贴在孩子的头上，是为了确保孩子们的幸福快乐和天真无邪，如果我们要被迫才去赞扬此种善行，便是非常可怕的。

野蛮人脱离了自然，进而去遵循自己的本能，或者说是为了弥补野蛮人在能力上的缺陷，大自然又赋予了他们一些能力，而后这些能力得到提升，远远超过了他们的本能。因此，野蛮人最开始只从事一些动物性的行为，观察和感觉也许是野蛮人最初的状态，这和其他动物是一样的。在野蛮人有新的精神情感之前，愿意或者不愿意，祈祷或者害怕，都可能是他灵魂的最初感受。

无论伦理学家们怎样论述，我们必须承认人的情感来源于人的悟性，但与此同时，人的悟性也源于人的情感。正是因为有了情感，我们的理性才会趋于完善，我们对知识的渴望其实是对快乐的渴望，因为让既没有恐惧也没有欲望的人去推理，那是荒唐的。情感来源于我们的欲望，是我们的认知促进了它的发展，因为只有当我们对某一件事有意识时，或者受到自然的驱使时，我们才会对它产生恐惧或者欲望；而一无所知的野蛮人，只会在自然的驱使下才能产生那种情感，且野蛮人的欲望从不会超出他的生理需求。在野蛮人的意识里，只有食物、异性、休息，他唯一畏惧的是痛苦和饥饿；这里的痛苦是指疼痛，而不是死亡，因为没有动物知道什么是死亡。对死亡的认知和恐惧，是人类脱离动物状态后的最初的认知。

如果有必要的话，我可以很容易地举出一些事实来支撑该观点，同时向大家说明：思想的进步总是与人们的需求并驾齐驱的，或是因为人们的天然需求，抑或因为环境的驱使，并最终归结于满足需求的情感。例如，在埃及，艺术随着尼罗河水的泛滥而日新月异。探寻艺术在希腊的发展，我们可以看到它们在阿提卡半岛的沙漠和岩石之间萌芽、滋长、繁茂，而在欧罗塔斯（Eurotas）[1]肥沃的河岸旁却只剩下枯枝败叶。我还可以指出，北方人之所以比南方人更加勤劳[2]，是因为

[1] 卢梭在这里比较了斯巴达（位于欧罗塔斯河畔）和雅典的艺术发展。

[2] 这是自孟德斯鸠以来流行的一种观点。

北方人必须依靠劳作,大自然总是给予那些土壤贫瘠地方的人们更多精神上的富饶,以示公平。

但是除了历史上那些不确信的说辞,谁会感知不到其实任何事情都是使野蛮人放弃改变现状的企图和方法呢?野蛮人的想象不起任何作用,他的内心波澜不惊,他有节制的需求总是很容易被满足。野蛮人所达到的知识水平还不足以使他产生汲取更多知识的欲望,他既没有预见能力也没有好奇心。一旦野蛮人熟悉大自然的奇观之后,大自然对他来说便没有什么新奇的了,所有的秩序和动荡对他来说并无二致,就算是面对最伟大的奇观,野蛮人的内心也波澜不惊。对他来说,观察每日所见并不是必要的,野蛮人的灵魂纯净无比,他每日所关注的只有当下的生存,对再近的将来他都不抱有观念,他的计划也仅仅局限于他的视野,几乎也只能预见到一天之末。甚至在现在,加勒比沿岸的人的预见程度也是如此,他们早上卖棉布床单,到晚上又哭着把它们买回来,全然没有预见到他们当天晚上还要再次使用它。

我们越是在这个话题上思考得更多,越会认识到纯粹的感知和最简单的知识之间的距离越来越远。试想,假如一个人只依靠自己的力量,且不借助任何交流和需求的驱使,而跨过了这段距离,那将是不可思议的。要经过多少年人们才能看到除天火之外的火啊！在学会生火之前，又需要多少次不同的偶然事件啊！在他们知道怎样生火之前，不知道火被熄灭过多少次！又有多少次这项技术随着发现者的死去而消失啊！一谈到农业，我们将持有什么样的观点呢？它要求大量的劳动和远见，并依赖于其他的技术，很明显，农业只能在至少有社会基础的地方开展，从事农业并不是为了获得无须农业也能获得的食物，而是为了获得符合我们口味的东西。试想人类繁殖过剩，以至于食品供不应求，这种假定证明了这种生活方式对人类是有益的。假定没有炼铁厂和制造厂，务农工具就会从机器转向人工；假定这些人已经不再厌恶这永无休止的劳动力；假定他们已经学会早早地预见自己的需求；假定他们已经猜想出如何开耕、播种、种树；假定他们已经知道如何磨麦、酿酒。所有的这些事情我们会认为是上帝教给了他们，因为我们不能想象他们自己是如何习得这些技能的。在学会了这些东西之后，当他的农作物被别人或者野兽掠夺时，他又该多后悔去耕种呢？当一个人所付出的辛勤劳作而获得的收获与他的欲望不成比例时，谁还会再艰苦劳作呢？总之，只要在土地还没有被分配的情况下，也就是说，只要自然状态还存在，如何才能使人们乐于耕作呢？

我们假定野蛮人在思想上已经很精通了，就像哲学家认为的那样,假如我们也像哲学家那样,把野蛮人看作哲学家,他们能通过抽象的论证发现最伟大的真理,并且能够从对制度的热爱和造物主的意愿得出有关正义和真理的格言。总之,即使我们假想野蛮人聪慧且有觉悟(而事实上,野蛮人愚昧无知),那么,人们能从这种不能传授且会随着人类死亡而消失的形而上学的发现中学到什么呢?散布在森林其他动物之间的人类又能取得什么进展呢?当他们没有固定的住所,没有彼此的帮助,也许与大多数人只有一面之缘,互不交谈,互不了解,他们又能相互促进到什么程度呢?

语言的产生

试想一下，语言的使用产生了多少主意；语法又对思想的锻炼和运作起着多大的作用！再想一下，语言的产生所遇到的巨大困难以及所经历的漫长岁月。让我们把这些考虑加在一起，然后我们就能判断出要使头脑中的想法都运作起来，我们需要经历几千个世纪！

现在我们必须要谈谈关于语言起源的一些困惑，这里我直接引用或者重复孔狄亚克(Condillac)对此问题的一些研究就足够了，他的研究很好地证明了我的方法，而且也许甚至激发了我对此问题的最初看法。但是从这位哲学家最初解决符号的起源这个难题时可以看出，他认为已经在语言发明者之间建立了某种形式的社会，而我表示怀疑。为了便于我在同样的问题上更好地阐述，我认为在引用他的观点的时候，也应该加上我的观点。首先的难题是语言是怎样成为必要的,因为人们之间没有任何交往,也没有交往的需要,所以语言的发明也并不是必不可少的。像其他人一样,我也许会说是父母与孩子之间的互动交流产生了语言,但是,该种说法不但不能回答一些问题,而且还会使那些把在社会中获得的观念应用到自然状态中去的人们犯同样的错误,他们总是认为生活在同一屋檐下的家庭成员像现在的我们一样亲密,是一个因为共同利益而组成的结合体。然而在原始状态下,没有住房,没有茅屋,也没有任何财产,每个人都随便地住在一个地方,并且只住一夜,男女的结合通常是巧合和偶然,或者是出于欲望的驱使,他们也不需要用语言来了解彼此,对他们来说,分开也是如此容易。当孩子一出生,母亲就会出于需要而哺育他们,后来又会因为长时间以来的习惯使彼此之间产生了爱,母亲就是因为这份爱而继续抚养自己的孩子。但是孩子们一旦具有了捕食的能力就会果断地离开自己的母亲,而且除了时刻出现在彼此的视野中,他们几乎没有其他方法来牢记彼此。因此,他们一旦分离,就会忘记彼此,即使再见面,也互不相识。

孩子会向自己的母亲说出他所有的需求,他向母亲的表达总是源源不断,大大多于母亲对孩子的表达,所以孩子是语言发明的开拓者,而且从某种意义上来说,他使用的是他自己创造的语言,这使得语言的数量与他们的谈话者的数量一样多,并且语言的多样性还会随着他们漂泊不定的生活而加剧,这就使得没有足够多的时间能使任何一种语言持续存在。如果说是母亲传授孩子语言使得孩子能张口问这问那,这种说法也许能很好地解释已经形成的语言是怎样传授的,但不能说明语言是怎样形成的。

假想这第一个难题已经解决了,纯粹的自然状态与语言的需要之间的脱离是需要漫长的时间的,暂且将我们自己置身于这漫长的时空中;在语言是必需的这一前提下,让我们探究语言是怎样形成的,这比之前那个难题更棘手,因为如果人们是为了学习思考而需要语言,他们一定会急需用思考这门艺术来产生语言。尽管我们会设想声音是如何传达我们的想法,但是对于那些不能依靠动作或者声音,且又不明确的观念,我们根本不知道其通过什么工具来传达。对于思想的交流和精神的联系这门艺术,我们几乎不能做出合理的猜测;这门令人崇敬的艺术虽然已经诞生很久,但哲学家们仍然认为它离完善还有很大一段距离,因此也从来没有人足够有胆量断言终有一天它会完善。尽管时间的长河引起的变革会在此驻留,尽管学术界会摒弃偏见,或者至少缄默不语,尽管整个人类社会都会常年置身于研究这个复杂的问题，但是恐怕也没有人敢做这种断言。

总之，在还没有必须要用语言才能劝说群居的人们之前，自然的呼喊是人类最普遍、最具有力量且最唯一的语言。这种语言只有在紧急情况下才会自然地发出，例如濒危时请求帮助，或者是希望减轻剧烈的疼痛，所以它在有着节制的情感的日常生活中并不常见。当人类的观念开始扩大或者发展时，当他们的交流方式更为亲密时，他们就会发明出更多的符号和更广泛的语言，所以他们增加了声音的音调变化，并且加上了手势，因为手势更具有表达力，并且它传达出来的意思更少依赖于先前的规定。他们用手势表达看得见的和可移动的事物，用模仿的声音来表达自己所听到的声音，但是由于手势只能适用于那些很容易被描述的事物或者看得见的动作，所以它并不通用，一旦遇到黑暗或者不明阻碍物，它就会失去作用；此外，与其说手势是引起注意的，还不如说它是需要注意力的。于是人们最终设法用声音代替手势，这些声音虽然与某些物体没有同一的联系，但它们就像确定的符号，能更好地表达我们的想法。但是，这种替代必须是经过共同的同意，且对于那些有着未经训练的不发达器官的人们来说，语言是很难被习得的。这种替代本来就很难想象，因为这种一致的同意必须具有明确的表示,所以在建立一门语言的时候,语言本身就是必不可少的。

我们必须承认,人类最先使用的词语比在语言系统正式形成之后人们所用的词语,在他们脑海中的意义要广泛得多。考虑到他们最初都不知道将语言的组成部分进行区分,他们通常会给一个词语以整个句子的意思。他们后来能意识到主语和宾语、动词和名词的不同已经是竭尽所能了。名词最开始只涵盖了一些专有名词,不定式是动词的唯一时态。至于形容词,其概念的发展必定经历过很大的困难,因为每一个形容词都是一个抽象的词,而抽象又是一个非自然且艰巨的运行过程。

起初他们会给予每一个物体特定的名称,而不顾它们的属性和种类,因为属性和种类是语言创造者所不能区分的。每个人的脑海里都孤立地反映着自然中的事物。如果一棵橡树叫作A,另一棵橡树就叫作B,因为这是人们对两个事物所持有的最初的概念,也即它们并不是同一的,但要观察出它们的共同点往往需要很长时间。人类的知识越局限,字典就会越繁杂。要克服这些晦涩且不易区分的名词是非常困难的,因为要想把各个事物归纳起来以统一的名称命名,首先要做的就是认识事物的属性和差异,并且还需要大量的观察和定义,也就是说,这需要比那个时代的人们所掌握的自然历史和形而上学的知识更多。

除此之外,概念在没有词语的帮助下也不能记于脑海,而这些词汇只有借助于主题才能被理解。这也是为什么动物不能形成此种概念,也不能获得依赖于此概念的可改善性的能力。当一只猴子毫不犹豫地抛下一颗坚果而拾起另一颗,我们能认为当它比较这两个实体时脑海里具有统一的概念吗?当然不能,但当这只猴子得到另一颗坚果时,它会回想起之前那颗坚果所带给它的感觉。这只猴子的眼睛会发生改变,然后将这一信号传递给味觉。每一个一般的概念都是纯精神的,一加上想象,它就会马上变为一个特定的概念。尝试着在头脑中构想出一棵树的一般影像,那将是不可能做到的,无论你是否愿意,你都得想象出这棵树是高还是矮,是凋残还是繁茂,是深色还是浅色;如果你所想象的这棵树并没有一般概念的树所拥有的特征的话,那么,你所构想的树就不像树了。认识纯抽象的存在也是如此,只有借助词语你才能想象它。仅仅是三角形的定义就可以给你一个关于三角形的概念,当你在脑海里构想一个三角形,那就是这个特定的三角形,而不是其他的三角形,而且你会自然而然地赋予这个三角形宽度以及颜色。而要进行该活动,我们必须利用语言来形成一个统一的观念,因为一旦想象停止了,如果没有语言的话,思想也会停止。因此,如果最先发明语言的人只给那些已经存在的观念命名的话,则最初的名词也只会是一些专有名词。

当新语法学家们开始以我所不能理解的方式扩大他们的观念以及对这些词汇进行概括时,他们的无知会使他们的方法受限于一个狭窄的范围,且最开始他们由于不知道事物的属性和种类而增加了个体的名称,之后他们又由于不能从事物的差别来认识事物而导致所归纳的属性和特征过少。为使这种分配更完善,他们必须具有更多的知识和经验,必须做更多的研究和努力,甚至在现在,我们每天都会发现我们之前所未发现的新物种,可想而知,还有多少物种尚未被仅从粗略的外表来判断事物的人类发现啊!至于那些最简单的分类和最一般的观念,毫无疑问也会被他们忽略掉。比如说,他们无法理解物质、精神、实质、语式、修辞、动作这些词,因为甚至是很长一段时间内频繁使用这些词的哲学家们,也不能理解这些词语的含义。而且这些词的意思都是纯粹形而上学的,在自然界中找不到原型。

我暂且停止对这一话题的讨论,并且请求我的评判员们暂停阅读,仅单独就物质名词的创造(语言中最容易发明的部分)来考虑一下语言接下来的发展道路。语言要能表达人类所有的情感,要有固定的模式,要能在公众面前发言并影响社会还有多少的路要走啊！请你们试想一下,为了找到数字、抽象词、过去时、动词的所有时态、小品词、句法、连接句子和论点的方法以及构建语句的逻辑的方法,需要多少时间和知识啊！我自己已经被眼前的重重困难所震慑住了,并且我相信几乎所有的已经被证实的语言如果单凭借人类就能产生并且建立是不可能的。我想把这个难题留给有意研究的人去讨论,已经形成的社会对于语言的产生又或者已经形成的语言对于社会的组建,哪一个是最必要的呢?

无论这些起源有多么神秘,我们至少可以看出自然并没有基于人类的共同意愿把人类聚在一起,也没有使人类对语言的使用变得更加容易。因此它没有为人类的社会化与人类彼此之间联系的建立出过一份力。事实上,试想在原始状态下,如果一个人需要另一个人的帮助比一只猴子或者一匹狼需要彼此的帮助来得更迫切,那将是不可思议的事;或者就算假想他有这样的需要,那么是什么动机能够使另一个人愿意去帮助他呢;甚至就算那个人愿意帮助他,那他们又针对此条件达成什么样的协议呢,这也是不可思议的事。有人时常告诉我,处于原始状态下的人们是最悲惨的,如果这是对的话,就当作我假想我已经证明了的那样，他必须经历好几个时代才会有脱离这个时代的状态的欲望和机会，那我们应该去控告自然，而不是去控告由自然造就的人类。但是，如果我能完全理解“悲惨”这一词的含义的话，它也许就是一个没有任何意义的词，或者可以说它意味着贫困的疾苦和身体乃至精神上的痛苦。我乐于想知晓一个自由、身体健康、心灵健全的人还能经历什么样的悲惨呢？又是哪一种生活使享受这种生活的人更难以忍受，是社会状态下的生活还是自然状态下的生活？

在社会状态的生活中，抱怨生活的人随处可见，更有甚者抛弃生命，对此，即使是神的力量和法律的力量也束手无策。你是否听说过野蛮人如此抱怨自己的生活甚至轻生？因此让我们暂且把傲慢搁置一旁，来评价到底哪一种才是真正的悲惨。相反地，我认为没有什么比对知识的困惑、情感的折磨、推理一个和自己所处的状态完全不同的状态的野蛮人更加悲惨的了。这是神意所为：野蛮人所具有的这些才能是随着能力的运用而得以发展，以免当他们不想具有这些能力时而成为他们的负担，或是想具有时又太迟而于事无补。野蛮人出于本能拥有生活在自然状态中所要求的一切，在后来逐渐发展起来的理性中才具有了社会生活中所要求的东西。

野蛮人的善恶

起初自然状态下的人们之间好像并没有道德方面的联系,也没有公认的义务。因此,他们既没有好坏之分,也没有评判邪恶和美德的标准;除非他们从生理意义上来理解这些词,将邪恶称为会对他的自我保存有害的品质,而美德就是那些对自我保存有益的品质。这样一来,我们就应该把这种顺从自然的人叫作有美德的人。但是,在不偏离这些词通常含义的情形下,我们应该停止对该情形的判断,要放下偏见,然后公平地对以下问题进行考察:文明人中是善良的人多还是邪恶的人多;或者他们学会和善待人后,他们知识的进步能否弥补他们彼此之间所造成的损害;抑或是否他们在彼此无惧无求的状态下比处于一个普遍依附彼此、被迫依赖那些不愿给予他们任何东西的人的状态下更幸福呢?

但是我们尤其不能像霍布斯那样下结论说人生来就是邪恶的,霍布斯认为人类因为不知道什么是善,所以人类是邪恶的,人之所以从来不肯帮助自己的同类,是因为他觉得这不是他的义务。我们也不能像霍布斯认为的那样:人类凭借着对他所要求的事物所具有的正当的权利,而愚蠢地认为他是这个宇宙的所有者。虽然霍布斯很清楚地知道自然权利的现代定义所具有的瑕疵,但是从他自己的定义的结论中可以看出,他对“自然权利”一词的定义也是错误的。霍布斯根据自己的原则进行辩论时,本应该说自然状态是人们的生存互不妨碍的状态,所以这种状态最有利于和平,且是最适合人类的。然而他得出的结论却正好相反,因为他把人类的情欲掺杂到人类的生存中去,要知道情欲的满足是社会的产物,正是这些情欲使得法律成为不可或缺。霍布斯说,坏人就是一个强健的婴幼儿,但这却不能证明野蛮人由此就是一个强健的婴幼儿。如果我们承认野蛮人就是一个强健的婴幼儿,又会由此推断出什么呢?假如一个人强壮时也像他软弱时那样依靠他人,那么毫无疑问,任何罪恶的事他都会做:他会因为母亲未及时哺乳而殴打她,他会抓咬他那烦人的弟弟。但是,一个人强壮时还依赖于他人,这本就是对自然状态下两个矛盾的设想:人类依赖他人时,是软弱的,但在他变得强大以前,他就已经是自己的主宰者了。

霍布斯没有看到,法学家们所宣称的阻止野蛮人应用自己理性的原因正是霍布斯自己所主张的阻止野蛮人滥用自己能力的原因。所以我们可能会说野蛮人并不是恶的,因为他们根本不知道什么是善,阻止他们作恶的并不是知识的增长,也不是法律的遏制,而是他们情感的平静和对邪恶的无知。"这些人因为对恶的无知而得到的好处比那些人对善的感知所得到的坏处还要大些。"

除此之外,还有一个原则是霍布斯所没有看到的,那就是人类天生就有对同类受磨难时的厌恶感,这一人类的天性,使人类为自己谋求幸福的巨大热情受到了节制,或者说是热情出现之前的那种自我保存的欲望受到了限制。我认为同情心是人类所具有唯一的自然美德是无可厚非的,就算是那些美德的诽谤者[1]也不得不承认,对于像我们这样软弱并容易受折磨的人来说,这确实是一种非常适宜的性格,同时也是人类最普遍、最有用的一种美德,因为它先于思考而存在,并且如

[1] 这里指的是曼德维尔,他定居在英国的荷兰医生,因《蜜蜂的寓言》而出名。曼德维尔不赞同将美德与幸福联系在一起的观点,他所写的《蜜蜂的寓言》表达了是个人的邪恶造成了社会的繁荣,而美德给这个社会带来了毁灭。毫无疑问,有无数人反驳他寓言中的观点。这篇寓言最重要的意义是他将伦理学与政治经济学区分开来。

此地自然,以至于即使是野兽也会表现出怜悯之心。先不说母兽对幼兽有多么温柔,也不提及它们在保护孩子时有多么奋不顾身。就拿马来说,它们也不愿意去践踏活生生的尸体,当它们跨过自己同类的尸体时,它们必然会有所触动,有的甚至还会将它们的尸体埋葬。屠宰场里牛的哀叫,也是对眼前可怕景象的一种触动。我们欣然看到《蜜蜂的寓言》的作者承认人类是富有同情心且容易感动的生物,在他所举的例子中,他改变了他那冷酷且细致的文笔,向我们展示了一个动人的场景:一个被囚禁的人看见一只野兽将一个幼儿从母亲怀里夺去,然后用利齿撕碎幼儿柔弱的四肢,用爪子撕开了这个无辜生物跳动的内脏。有哪一个人看到此景不会触目惊心,即使这个人与他毫无关系?当看到此惨象而束手无策时,又有哪一个人不会为此焦虑万分?

这就是先于思考而存在的大自然的纯粹的感动,这就是自然怜悯心的力量,即使是最腐败的道德也不能将之摧毁。在戏剧场中,我们每天都会看到一些人同情剧中人的悲惨遭遇,但如果这些人做了暴君,他们只会加重对敌人的虐待。曼德维尔很容易意识到,如果不是自然赋予给他们怜悯之心作为理性的支撑,纵使他们有着一切道德,杀戮起来也会如野兽一般。但曼德维尔竟然没有意识到,他们所否认的人们所有的社会美德正是从怜悯心这种品格中产生出来的。事实上，除了对弱者、对罪人或者对整个人类的怜悯之心外，又有什么可以被称为慷慨、仁慈以及人道呢。就算是关心和友谊，如果我们正确地去判断它们，它们也是特定物体上所产生的持久怜悯心的产物。因为祝愿一个人不遭遇痛苦便是祝愿他幸福。假如怜悯心是一种情感，使我们对他人的遭遇感同身受，这种情感在野蛮人身上很晦涩，但却很活跃；在文明人身上很发达但却很缄默，这种观点除了能论证我的观点以外，还有其他作用吗？实际上，这种怜悯心，在动物旁观其他动物受磨难时会更强烈，显而易见的是这种等同感在自然状态下比在理性状态下要深刻得多。

正是理性产生了自尊心，沉思则加强了自尊心。理性使人收敛双翼，远离一切烦扰他的东西。哲学使人们彼此之间断绝联系，但也正是由于哲学，人们才会在一个受难者面前默默说道："你死就死吧，反正我是很安全的。"只有发生威胁整个社会的危险，才会打断哲学家们的好梦，将他们拖回现实。也许一个人可以在光天化日之下不受惩罚地杀死另一个人，然后捂住耳朵稍稍为自己辩解，以此来遏制自己的怜悯心。野蛮人由于没有这种令人"钦慕"的才能，又由于缺乏智慧和理性，所以他们总是不假思索地遵守人类最初的情感。在发生暴乱或者街头争吵时,平民们就会聚集起来,而精明的人就会偷偷走开。将厮打者分开、阻止名门世家相互厮杀的往往是这些街头流氓以及市侩小人。

因此,毫无疑问怜悯心是一种自然的情感,它通过克制个人的自爱来促进整个人类的互相保存,正是怜悯心驱使着我们不假思索地给予那些遇难者帮助;正是这种代表着法律、习俗与美德的自然状态下的怜悯心,使得没有一个人会违背它柔和的心声;正是这种怜悯心使得粗犷的野蛮人只要有其他生存的方法,便不再抢夺小孩和年迈的老人历尽千辛万苦所得来的东西;正是这种怜悯心不以"像别人对待你那样去对待别人"为崇高格言,而是以另外一种符合自然善意的格言"在尽可能不损害他人利益的前提下追求自己的幸福"来启示所有人,后一句格言也许不如前一句格言那么完美,却更有实践意义。总之,与其在那些精密的论证中,还不如在这种自然的感情中,去找寻人类在作恶时,即使不知晓教育的格言,也会感到内疚的原因。虽然苏格拉底和他的追随者认为可以通过推理来获得美德,但是如果人类的自我保存仅完全依赖于人们的推理,那么人类也许早就灭迹了。

野蛮人的感情是如此的平淡,又由于有着怜悯心的约束,所以比起邪恶,原始人更多的是狂野;野蛮人所在意的是如何从不幸之中逃脱出来,而不是将这一不幸转移给其他人。野蛮人很少将自己置于危险的纠纷之中:他们彼此之间没有联系,当然他们也就不知道什么是虚荣、尊重和轻蔑;他们也没有你我的概念或者关于真正意义上的正义的观念;他们把自己易遭受的暴行当作一种很容易弥补的损害,而不认为这是应受惩罚的。他们从来不知道什么是报复,除非是机械的、应急的反应,就像狗反击投掷它的石头那样。所以,只要野蛮人的争论不涉及食物这个话题,他们就很少有激烈的争执,除了食物这一话题之外,还有一种危险的话题我后面会提及。

野蛮人的情欲

在所有扰乱人的心智的感情中，有一种热烈且冲动的感情，这种感情使异性相吸，使人们不顾一切危险，克服重重困难。当这种感情达到疯狂程度后，它似乎可以摧毁整个人类，而它的使命本应是延续人类的。这些任性妄为的人类不加节制、不加羞耻地甘愿沦陷于它，为争夺异性相互残杀，他们究竟会变成什么样子呢？

我们首先必须承认，情感越猛烈，就越需要法律的约束。但是，除了由于法律方面的薄弱所引起的每天的骚乱与犯罪外，我们还应该进一步探索这种恶行是否是随着法律本身所产生的。因为，尽管法律能够压制这些恶行，但是如果我们要求法律来遏制的恶行是由于法律本身所产生的，那将毫无意义。

让我们开始从精神层面和生理层面上来分析“爱”，生理层面上的爱是使异性相吸的欲望，而精神层面上的爱决定了生理层面上的欲望，并将之聚焦在唯一的目标上，或者对这一优先目标表现出更强烈的感情。因此，我们很容易看出，精神层面上的爱是由社会产生出来的一种人为的情感，妇女们对此大加称赞，以建立她们的权势，让本应该服从的女性转而发布命令。这种感情是建立在美好和优秀这类观念的比较上，因此，野蛮人是不具有该感情的，因为他不具有匀称或者均衡等抽象概念，所以他也很少产生爱慕之情；即使这种情感不容易被感知，但是却来源于我们对这些观念的实践。野蛮人只听从自然赋予他的秉性，而不会涉足他所未知的领域，对野蛮人来说，所有女性都是合适的。

野蛮人完全局限于生理层面上的爱，他们因为没有那些偏好而快乐地活着，这些偏好会使人们对爱情的欲望变得更强烈，同时这种欲望也更难被满足。所以野蛮人的感情必定不会泛滥，也没有那么激烈，争吵也因此变得更少了。给我们造成众多损害的那种念想是从来不会降临于野蛮人的。野蛮人只会静待且服从于自然的变化，毫无选择地顺从它，他们的快乐多于狂躁。需求一旦满足，欲望便渺无踪迹。

因此，爱情和其他情感一样，只有在社会状态下才会达到狂热的程度，这对人类来说是毁灭性的。如果我们认为野蛮人时常相互残杀来满足野性，那将是毫无依据的，因为这种观点完全偏离了实践。加勒比人是现存最接近自然状态的一个民族，虽然他们生活在炎热的地方，这种气候似乎使他们的欲望更加强烈，但他们的情感却十分安宁，根本不受嫉妒的支配。

雄性动物为争夺雌性而斗争，常常使我们的养禽院变得血迹斑驳，或者使养禽院发出嘈杂的叫声来回应春天树林里吵闹的叫声。至于从该现象中所做出的推论，首先我们应该把所有种类的动物排除在该推论之外，自然对这些动物两性能力的规定与人类有很大的区别，因此我们不能根据动物之间的斗争来推断人类。

在雌雄数量对比比较明显的动物中，斗争往往是因为雌性数量少于雄性，或者是因为处在雌性拒绝雄性的排斥期间，前者往往是因为后者造成的，因为假如一年中只有两个月雌性接受了雄性，那么就相当于雌性的数量就会减少5/6。但这两种原因都不能推用到人类身上，因为我们女性的数量是多于男性的，而且人类，即使是野蛮人，也不像动物那样有着发情期和排斥期。此外，在好几种动物中，都是整体进入发情期和排斥期，这就使局面变得混乱、骚动以及无序。但是，这一局面永远不会发生在人类身上，因为人类的感情并不是周期性的。

因此我们不能说人类会像动物那样为了雌性而斗争,既然我们可以认为这些斗争不会损害其他物种,那么同样地它们也不会对人类造成致命损害;但是这种损害在社会中的影响却更大,尤其是在那些道德度高的国家。在这些国家,嫉妒心和复仇心引起了争斗与杀戮或者其他更严重的犯罪;在那里,夫妻之间永久的忠诚义务只会助长通奸的火焰,而关于节欲和荣誉的法律也必然导致动荡和流产的肆虐。

我们可以作出如下结论:闲逛于森林的野蛮人,没有工业,没有语言,没有固定的住所,也没有战争与彼此的交流。他们对同类没有任何需求,也无意伤害同类,他们甚至不能辨认出同类。野蛮人不受情欲的支配,可以说他们仅拥有适应该状态的情感与知识。野蛮人所注意的仅是他自己感兴趣的,而且他的智力也像他的虚荣心那样没有任何发展。即使他偶尔有新发现,他也不能传达,因为他连他自己的子女都不认识。因此,艺术也随着发明家的死亡而消失,既无教育,也无改进,一代一代毫无效果地传承下去,每一代都从同一个起点出发,每个年代都是一样的粗野与残暴。人类在慢慢变老,但状态却停滞不前。

我之所以详细地阐述对这一原始状态的假想,是因为我认为彻底消除根深蒂固的错误和偏见是我的职责。因此,我应该追究其根源,找到自然状态的真实情况,即使是自然的不平等,也不会像学者们所描述的那样真实和具有深远的影响。

事实上,我们能很容易地感受到区分人与人之间的那些差异,有一些被认为是自然的差异,其实这种差异仅仅是由于社会生活中工作和生活方式的不同所导致的。因此,人类体格的强与弱,力量的大与小,都取决于他被抚养长大的方式是粗暴还是阴柔,而不是由身体构造的不同所造成。思想的高低也是如此,教育不仅使人的思想存在差异,也增加了由于教育程度的不同所导致的文化上的差异。因为当一个巨人和一个矮人行走于同一条路上,巨人的每一步都会超越矮人。在文明社会中,不同等级的人们的教育方式和生活方式有着巨大的差异,而在动物和野蛮人之中,大家的生活方式总是如出一辙。倘若我们将两者进行比较,我们也会很容易地发现社会状态下人们之间的差异比在自然状态下要大得多,而制度的不平等更加加深了人类自然的不平等。

尽管自然在分配天赋时有所偏好,那么在人与人之间几乎没有任何联系的情况下,那些得到偏爱的人,又能对别人造成什么损害呢?就像是在没有爱情的地方,美丽又有什么用呢?在不交流的地方,智慧又有什么用呢?在不交易的地方,技艺又有什么用呢？总有人说强者必然压迫弱者，那希望他们能解释下“压迫”一词的意思。一些人以暴力进行统治，而另一些人在呻吟之中听命于他们，这是我所见到的情形，但我不知道为什么就可以断定野蛮人的生活也是这样。因为野蛮人甚至都不知道统治与奴役的含义，野蛮人也许会争夺食物、侵占住所，但他们万万不会命令别人，那在一无所有的人们之间的从属链又是怎么形成的呢？如果我在这棵树上被赶走了，那么接下来我必然会去寻找另一棵树，如果一个地方不适合待下去了，又有谁能够阻止我去别处呢？

假设我遇到了一个比我强壮且邪恶的人，他是如此的懒惰与残暴，强迫我听命于他，他会时时刻刻紧盯我，在他睡觉之前就将我捆绑好，以免我将他杀害或者逃跑。也就是说，他自己给自己制造了更多的麻烦，比我所有的麻烦都多。虽然这样，他还是不会放松警惕，他还是会闻声就变得警惕起来，我已经埋葬于这片森林了，束缚我的铁链已经断裂，他将完全见不到我了。

我将不再阐述这些细节了，每个人都必须明白，奴役成立的基础仅仅是人们之间的相互依靠以及使他们团结的相互需求，如果一个人在没有奴役主帮助的条件下仍然可以生存，那么使一个人成为另一个人的奴隶将是不可能的。这种条件在自然状态下是不存在的,因为自然状态下的人们不受奴役之苦,强弱定律不再适用。

即使自然状态下的人们存在不平等,那也是基本感知不到的,因此影响也是微乎其微的,接下来我将阐述不平等的起源,并追溯它的发展。我已经说明自然人潜意识所形成的社会美德和其他能力是不能自身有所发展的,而是基于一些外部原因的巧合,而这些巧合永远不会发生。但是如果没有这些巧合,人类将永远处于原始状态。在阐述完以上之后,我必须进一步地考虑其他巧合并把使人类理解力得到完善的这些巧合结合到一起,这些巧合败坏了人类,在使人类变得社会化的同时也使之变得邪恶,使人类和这个世界一步步变为今天的样子。

我必须表明,我将描述的这个事件也许会以不同的方式发生,我将采取的选择可以仅仅以猜想为基础,但是,当它们不再是自然事物中能做出来最可能的推测时,而是我们发现真理的唯一方法时,这些猜想便成为推理根据。我从自己的推测中演绎出来的结论不仅仅是推测性的结论,因为根据我所建立的原则,人们不可能再建立其他的制度,提供给我相同的结果,且我再得出相同的结论。

这使得我不用再伤神费力地去思考该如何用时间来弥补

事件的真实性，也不用考虑这些微不足道的原因所带来的惊人力量，不用考虑如果一方面我们不能为事实提供确定性，另一方面我们也无法摧毁某一个假定的事实。如果两个事实之间是由一系列其他事实所连接的，当我们去探讨这些中间事实的时候，历史就会为我们提供这些中间事实。当历史不再提供这些中间事实的时候，任务就落到哲学上了，哲学会为我们提供类似于中间事实的事实。最后，在关于事件方面，事件的相似性将事件分配为不同的种类，而该种类的数量少得超出我们的想象。我只需要将我的客体提供给我的法官们研究，然后以此方式来进行我的调查而不用将此麻烦抛给我的读者。

PART 2

第二部分

迈向不平等的第一步

第一个人占领土地之后,对自己说道:这是我的地盘。然后找到那些愚蠢至极的人来相信他的话,这个人就是文明社会的创始人。如果这时,当一个人一边挖沟凿渠,一边大喊:“不要相信这个骗子,如果你们忘了水果本该属于大家所有,土地从不属于任何人这个事实,那么你们已经上当受骗了。”那这个人将会为人类免去多少罪行、多少战争、多少灾难与恐惧啊!但是,从当前来看,我们极大可能已经走向那条路了,呼喊者也不会像往常那样警示人们,因为有关于私有制的概念并不是一下子就形成的,而是取决于之前接连形成的其他观念,在人类到达自然状态的最后一个阶段前,我们必须取得巨大的进步,拥有大量的产业与知识,并将此一代代相传。因此,让我们追溯到更遥远的时代,将事物的发展和智力的进步按照最自然的秩序,整合为同一个观点。

人类的第一个感知便是他的存在,他第一个所关心的事便是如何自我保存。大地为他提供了他所需要的一切帮助,本能促使他去使用这些帮助。不同的欲望使他在不同的时间经历不同的存在方式,但总有一种存在方式能使他长存下去。而这种繁衍后代的盲目倾向,由于缺乏情感,只会使他们产生一种纯动物性的行为。一旦热情褪去,他们将形同陌路,甚至一旦孩子离开自己的母亲后,便不会再和母亲有任何联系。

这就是人类最初的状态;这就是最开始受制于纯粹感情的动物的生活,他们丝毫不能享受大自然的馈赠,也不会向大自然索取什么。但是困难很快就出现了,他们必须要学会战胜它。例如,他们无法摘下高高悬挂的果实;其他野兽会和他们竞争食物;一些凶猛的野兽甚至要伤害他们的性命。这无数的困难都驱使着他们进行体能训练,变得敏捷与强壮。很快,他们借助于大自然的石头和树枝,学着去战胜自然所带来的阻碍,在必要时与其他动物进行搏斗,在同类中争夺生存,或者补偿自己所让予给强者的东西。

当人类的数量越来越庞大的时候,他所经历的痛苦也越来越多,土壤、气候、季节的不同迫使他们采用不同的生活方式。不好的收成、冗长且严寒的冬天、酷热的夏天都要求人们掌握一项新的技能。于是生活在海边和河边的人们，发明了渔具，成为渔民，从此鱼就成了他们的主食；住在森林的人们于是发明了弓箭，成为猎人；在寒冷的地方，人们用动物的皮毛来抵御寒冷。再后来，打雷、火山以及一些巧合的事故使他们习得了生火，并知道了保存火种的方法，从而使他们得以抵抗冬天的寒冷，还学会了用火烹饪生肉。

人与其他动物以及人与人之间不断的接触会自然而然地在人们的脑海里形成某种关系的想法。对于这些关系，我们可以用大、小、强、弱、快、慢、胆小、勇敢或者其他词来形容，这些关系在不知不觉中使人们反思自己，或者可以说是某种机械地审视自己，指示他对于自己的生存与安全所要采取的最必要的防范。

这一发展产生的新见识，通过使人类认识到自己的优越性，而使人类在其他动物之间的优越感大大提升。人类想方设法去诱骗这些动物。尽管有许多动物比人类更强壮敏捷，人类也能很快地成为它们的命令者；而对于那些伤害人类的动物而言，人类就成了它们的强敌。因此，当人类第一次审视自己的时候，便产生了自尊心；在人类还不知道有等级之分的时候，在他想把自己这一种类分为一等级的时候，他也早就准备把自己分为同种类的一等级了。

尽管那个时候同类的关系并不完全等同于如今同类之间的关系,尽管人类和他们的同类的联系并不比人类和其他动物的联系多,但是人类也不会松懈对同类的观察。人类也许会在他和他的同类之间以及他和他的女性伴侣之间找到一致性,而这些共性又使他去推断其他还没有被发现的共性。当人类观察到在相似情境下,所有人的行为几乎都是一样的,他便由此推断出另一些人的思考方式和感知方式与自己是完全一致的。当如此重要的事实深深印刻在他脑海中,他便会产生一种预感:为确保自己的安全和优势,最好的规则就是跟随其他人。这种预感与推理方法同样确切,而且比推理方法更为迅速。

经验指示人们追求幸福是人类行动的唯一原则,所以人类可以区分以下两种情形:一是人类基于共同利益而互相帮助,但这种情况是很少见的;二是基于利益的竞争人们又不再信赖彼此,这种情况就更为罕见了。在第一种情况下,他与同类成群结队,或者至多以某种自由的组合方式自愿地聚集在一起,但是又随着短暂的共同需求的消失而消失;在第二种情况下,每个人都只顾自己的私人利益,如果这个人足够强大的话,还会施以暴力,在自己弱小的情况下,则会借助狡诈与灵活。

人类可能就是这样无意识地接受了互助义务以及形成履行这些义务所带来的好处的大致观念,但这仅仅是他们目前的利益需求所要求的,因为他们毫无远见,并且丝毫不会为将来做打算,甚至连明天的事情他们也不会考虑到。当捕捉一只鹿时,每个人都清楚地知道他们应该固守自己的岗位,但假想当有一只野兔从一个人眼前蹿过,毫无疑问这个人会去追捕它;在他捕到野兔之后,他也不会因为他的同伴没有捕捉到猎物而自责。

我们能很容易地认识到,人们之间的交流并不会比成群结队的乌鸦和猴子所使用的语言更为精确。在很长的一段时间里,人类的语言可能只是由模糊不清的叫喊、许多手势以及一些模拟的声音组成,且人们又在此基础上夹杂了一些其他的声音。对于这种声音体制的形成,就像我之前提到过的那样,解释起来并没有那么容易,因此,在不同地区形成了独特的语言,但是这种语言粗略且不成体,很像如今的野蛮民族所使用的语言。我不得不去解释大量的事情,由于时间的淘洗,我想说明的事情又十分冗杂,且人们又不知道事物的最初发展进程,所以我不得不一次性跨越好几个世纪。因为事物的发展过程越缓慢,所能描述它的文字就越简短。

这些最初的进步使人类加快了进步的步伐,随着人类的文明化,工业也变得越来越完善,人们便不会随意在树下栖息或者在洞穴里避难。他们找到了坚硬锋利的类似于铁铲或者斧头的石头,并用此来挖地、砍树,再用树枝搭建小屋,然后再抹上黏土。这便是第一次变革,从此有了家的概念,还有了私有制的概念以及基于此产生的各种争斗。然而最初建筑屋子的人可能是那些强者,因为他们知道他们自己可以抵抗侵略,于是对于弱者来说,模仿他们比驱赶他们更安全。对于那些已经有了住所的人,他们也从来不会去抢夺别人的住所,这并不是因为这个房子不属于他们,而是因为这个房子对于他们来说是无用的,且去争夺对于他们来说无用的房子难免少不了一场激斗。

新的环境使人类的心灵有了初次的发展,它使丈夫和妻子,父母和孩子聚集于同一屋檐下。居住在一起产生了最甜蜜的感情,即夫妻之间以及父母与孩子之间的爱。每个家庭都变成了一个小社会,正因为连接这个社会的纽带是相互之间的情感与自由,所以这个社会联系得更紧密了。从此之后,男女有着不同的生活方式与习惯,要知道在此之前,他们的生活方式都是一样的。女人变得居家了,她们逐渐习惯在家料理家务和看护孩子,而男人却在外面奔波谋生计,从此两者都褪去了凶猛与强健而过上了闲适的生活。虽然单个人战胜野兽的能力有所下降,但是另一方面人们却更加知道该如何团结起来对抗野兽。

在这一新的状态下,人们生活的简单与孤独、需求的有限以及他们所发明用来取悦自己的乐器,都带给了他们极度的悠闲,他们给自己带来的这些极大的享受,是他们的祖先所没有的。这是他们无意间给自己带来的第一次束缚,也是他们为后代带来的第一个痛苦的源头。因为这样一来,他们的身心都会消沉,而且这些舒适的享受会渐渐变成一种真正的需求,因此没有了舒适的生活所带来的痛苦远远大于过上舒适的生活所带来的愉悦。从此,人们将因失去而感到痛苦,却不会因为拥有而感到快乐了。

在这里,我们会得知语言在每个家庭是如何被使用以及进化的。我们还能揣测各种各样的原因是如何使语言成为我们生活中不可或缺的一部分,从而使它得以传播并且加速了它的发展。水灾和地震使得居民区被洪水和悬崖所包围,地球的变迁将大地分裂成岛屿。大家会认为在这些被迫聚集而居住在一起的人们之间,比那些整天穿梭游荡于森林的人们之间,能够更快形成方言。因此,很可能岛上的居民最先形成语言,然后再带给大陆;或者至少很可能岛上的社会与语言的发展和完善比大陆的要早得多。

于是事情开始发生变化,这些曾经游荡于森林的人,一旦开始过着一种更加稳定的生活,便会慢慢聚集在一起,形成不同的生活部落,之后再在每个地方形成不同的民族,他们有着不同的特征和生活习惯,他们靠着这种习惯和特征团结起来,所以促使他们团结起来的并不是法律的规制,而是由一种统一的生活方式、相同的饮食习惯以及一致的气候影响。同时,邻里关系促进了不同家庭的联系,年轻人毗邻而住,因而产生了一种短暂的联系,这种短暂的联系又因为这种相互往来而变得更加持久。

人们开始思考不同的对象并加以比较,于是他们在不知不觉中产生了才华和美丽的观念,很快这种观念又催生了偏爱这种情感。由于频繁见面已经成为他们的习惯,所以如果一旦不见面他们就会很痛苦。这种温柔甜蜜的情感偷偷刻入了他们的灵魂,一旦事与愿违,这种情感便会转化为暴怒:爱情会产生嫉妒,一旦不和,这种最温柔的感情就会使人们成为血淋淋的牺牲品。

随着观念和情感的革新,以及思维和心灵的磨炼,人类不断地褪去原始的野蛮,他们的联系也变得越来越紧密。他们开始绕树唱歌跳舞——这是爱情与闲暇的真诚产物,这成为了他们娱乐消遣的方式。每个人都开始注意别人,同时也希望别人注意自己,公开的尊敬也开始变得有价值了。那些唱歌或者跳舞最好的人、那些最英俊的人、那些最强壮的人、那些最敏捷的人、那些口才最好的人,便成了最备受尊敬的人。这便是走向不平等的第一步,同时也是通往邪恶的第一步。这些最初的爱好一方面产生了虚荣与蔑视,另一方面产生了嫉妒和羞耻。而这些新的因素所造成的动乱最后会予以幸福和天真致命一击。

私有制的产生

人们一旦开始对彼此进行评价，并且知道了“尊重”这一词的含义，那么每个人便都渴望着被尊重，也很少出现人们不在意不被尊重的这种现象了。因此，礼节这一义务便产生了，即使在野蛮人当中也是如此。从此，所有的对别人的故意伤害都是一种侮辱，因为除了由伤害所造成的损害外，受害人还认为这给他造成了人格上的侮辱，这种侮辱比伤害本身所造成的损失更加令人难以忍受。也正因如此，每个人都会根据自身的情况给那些伤害他的人施以惩罚，报复便变得非常恐怖，人类也变得残忍血腥。

这便是我们所知道的原始人进化得最精确的程度了。正是由于辨认能力的缺乏，以及没有认识到这些人们已经远离最初的原始状态，才会导致如此多的作家急于下结论说人生来就是残忍的,因此需要一系列文明的制度来改造。然而没有哪个状态比人类的原始状态更加温和,原始状态将人类隔离于距野兽的愚蠢和文明人的邪恶相同距离的地方,他们被本能和理性所限制,只知道预防眼前威胁到他的伤害;他们保留着天生的同情心,不会对任何人造成伤害,即使是受到伤害,他们也很少报复回去。正如洛克的格言所说的那样:没有私有制就不会有不公正。

但是我们必须注意到:如今的人们建立了社会,形成了关系,那么他们所需要的品质是不同于原始状态的;当人们的行为开始反映道德,且法律还没有形成的时候,每个人都是自己在受到伤害时唯一的法官以及复仇者。善良只适合自然状态下的人们却不再适合这个新诞生的社会了。随着犯罪变得越来越多,惩罚也就必然越来越严厉,报复所带来的恐惧替代了无力的法律。

因此,尽管人们变得更急躁,与生俱来的同情心也遭到了蚀变,但是人类能力发展的这一阶段恰好处在原始时期的懒散与自尊心盛行之间的这一时期,这应该是一个最快乐最持久的时期。我们越是反思这个时代,我们就越会深信它是任何改革都必须经历的,且对于人类来说是最好的一个时代,除了发生一些致命的意外事故,否则人类是不会脱离这种状态的。当然，为了公共利益，这种意外事故最好永远不要发生。许多现存的野蛮人似乎都是处于这样的状态之中的。这些现存的野蛮人的事例似乎可以证实人类生来就将永远处于这一状态，这种状态是世间真正的青春，而随后的众多发展表面上是促进了个人的完美，实际上却使整个人类走向没落。

当人类满足于他们简陋的小屋，满足于用木刺或者鱼刺缝补动物的皮毛用作衣裳，满足于仅仅用羽毛或者贝壳当作装饰品、在身上涂不同的颜色、装饰他们的弓箭、用尖锐的石头凿出一艘小渔船或者是一些粗糙的乐器的时候，总之，当他们认为这些工作只需要个人劳作，不需要和其他人合作完成时，他们便生活得像他们的本能容许的那样自由、健康、真诚与快乐，并且持续地享受这种独立的状态。但一旦出现一个人开始需要另一个人的帮助的时候，一旦发现一个人能拥有两个人的食粮这个好处时，所有的平等都会消失，私有制便会萌芽。劳动力开始成为必需品，无垠的森林开始变为劳动者挥洒汗水的繁茂的田野，奴役与痛苦随着果实的生长而悄然发芽生长。

冶金术和农业的发明造就了伟大的变革。对于诗人而言，黄金白银教化人类摧毁人类；但对于哲学家而言，铁和粮食才是元凶。美国的野蛮人对冶金术和农业一无所知，所以他们永远停留在原始时代；而且只知晓两者之一的国家也似乎一直停留在未开化的状态。现在看来，这也是能解释为什么欧洲人相较于世界上的其他国家，即使不是最早开化的，至少也是更稳定的、更高层次地走向文明——欧洲人既知晓怎样炼铁也精通农业。

要讲清楚人类是怎样熟知并炼铁是一件非常难的事，因为在他们知晓冶金过程前，他们是不会想到从矿山里面去采掘铁并将它融化的。另外，我们也不可能将炼铁的发现归结于一些意外的火灾，因为矿石只存在于干燥且贫瘠的地方，且那些地方寸草不生，这看起来似乎是大自然故意为之，为的是让我们远离这一致命的秘密。如此看来，就只有火山的突然爆发，喷出已经融化的金属物质，才会让看到此情景的人去模仿此过程，开始冶炼金属。但是我们也还得假设他们要有足够的勇气和智慧来运用这一技术，并且预见到他们由此得到的益处。因为只有大脑训练有素的人才具备此能力，而当时的人们还达不到此水平。

至于农业，在应用它之前的很长一段时间里大家都已经知晓了它的规律，况且对于经常以树木和植物为食的人们来说，他们是不可能不了解植物的种植方式的；但要将此项技术付诸实践，必然要花费很长的时间，因为人类仅依靠陆地的天然植物和水中的鱼类就可以维持生计了;或者是因为他们不知道谷物的用途,也没有种植它的工具;要么就是人类缺乏对未来必需品的预见,抑或他们不知道该怎样阻止别人窃取他们的劳动成果。

随着人们变得更加的勤劳,他们便开始运用锋利的石头或者尖锐的树枝来开展农业或者修建小屋;人类也是经过很长一段时间才知道种植谷物的方法和运用农业工具进行大规模生产。更不必说为了让此项技术传续下去,让人类同意当下必须失去一些东西,才能日后获得更多东西。这一想法对于野蛮人来说太遥远了,就像我前面所提到的那样,他们甚至在早上都预测不了晚上的需求。

基于此原因,要使人类从事农业,其他技艺的发明也是必需的,一旦必须要求一些人来锻铁,就必须有另外一部分人来养活这些人。当越多人从事手工业,养活他们的人就越少,而需要被供养的人数却保持不变;并且因为一些人需要用食物换铁,另一些人就发现了可以用造铁来增加食物的方法。因此,一方面产生了农耕,另一方面也诞生了金属冶炼以及扩宽金属用途方面的技术。

土地的耕作就必然会产生土地的分配,一旦私有制被承认,最初的平等规则就产生了:在保护每个人的财物之前,每个人必须先拥有财物。而且，当人们开始展望未来时，当他们都能预见到自己财产的损失时，人们有理由去害怕当自己给别人造成伤害时，别人会以同样的方式来报复自己。同时，当一想到私有制产自工业，这一源头就变得更加自然了，[1]因为只有劳动才能让他们获得本不属于他们的东西。

劳动给予劳动者耕作土地并且获得劳动产品的权利，并使他们将这片土地占为己有，或者至少是在收获前拥有它。年复一年，这种持续占有的乐趣便无疑地转为了一种私有制。正如格劳秀斯所说，当古代人给予谷物女神克瑞斯（Ceres）[2]"立法者"的称号，并将一个节日命名为"戴斯莫福里"（Thesmaphories）[3]以向她表示敬意时，就已经暗示了土地的分配产生了一种新的权利，即所有权，这种权利是不同于自然法中的权利的。

因此在此状况下，如果人们的天赋是平等的，那么事物将保持平等。例如，铁的使用和商品的消耗始终保持着平衡的比例，但没有什么东西可以支撑该比例，它很快就失去了平

[1] 在卢梭以前，关于私有制的起源，格劳秀斯和普芬道夫认为，土地的分配和占有是先存在的，然后按照某种协议，先占权永久地延续下去而成为所有权。格劳秀斯承认有过原始共产主义社会。

[2] 克瑞斯是罗马神话中的谷物女神，对应希腊神话中的德墨忒尔（Demeter）。

[3] 戴斯莫福里节，纪念"立法女神"的庆典。

衡。最强壮的人干着最多的活;最敏捷的人将很好地转变他的优势;最机灵的人设法减轻他的劳动量。劳动者需要更多的铁,或者铁匠需要更多的食物;因此在相同的劳动下,有的人挣得很多,而有的人却难以维持生计。至此,自然的不平等随着交换关系的不平等而显现出来,人类的不平等随着环境的不同而不断扩大,其产生的影响变得更加显著与持久,并开始以同样的比例影响着人们的处境。

事情一旦发展到此阶段,剩下的就不难想象了。接踵而至的就是一系列其他艺术的发明,比如语言的发展、才能的试练和应用、财产的不平等、财富的滥用,我也不再详细描述这些细节了,因为每个人都能很容易地补充该细节。我应该着眼讨论的是处于这一新秩序下的人类。

新秩序下的人类

之后人类所有的能力都有了很好的发展：记忆力和想象力有了长进，自尊心和理性被唤醒，智慧似乎已经发展到了极致。所有自然的品质都得到了提升，人类的等级以及身份不仅在于他们所拥有的财产数量与伤害别人或者有利别人的能力上，还建立在基因、美貌、体格、谈吐、才能和天赋上。只有这些品质才能获得别人的尊重，因此，对于每个人来说，拥有或者至少铸就这些品质是很有必要的。即使不具备这些品质，我们也要假装拥有，"本来是"和"假装是"是两个完全不同的概念，正是因为该差别，出现了奢侈的排场以及欺诈行为和随之而来的恶行。另外，人类原本是自由且独立的，而现在由于受自然尤其是同类的支配，产生了很多的需求。从某种意义上来说，在他变为同类的主人的同时他也成了同类的奴隶。当他富有时,他需要同类的服侍,当他贫穷时,他需要同类的帮助;即使他既不富有也不贫穷,他也离不开同类。

因此他持续地引起他人的注意,至少让他们知道雇佣他所带来的好处,即使这一好处只是表面上的。这使他在与一部分人打交道时变得狡猾,与另一部分人则变得专横残忍。且当他们发现不能使别人服从自己,或者服侍别人不能给自己带来好处时,他不得不欺骗他所需要的人。总而言之,与其说野心勃勃是出于真正需要,还不如说是为了胜人一筹而积攒财富的欲望,这种欲望使人们互相伤害,并使他们产生了一种十分隐蔽的嫉妒心,为了达到目的,这种嫉妒心总是戴着仁慈的面具,因此,它所带来的危险也更大。总之,一方面是竞争,另一方面是利益的冲突以及为达到目的隐藏的损人利己之心,这便是私有财产所带来的第一个影响,同时也是最初不平等的必然产物。

在人们还没有发明出象征财富的符号之前,财富仅仅指人们所拥有的土地或者牲畜。但当土地数量以及面积扩大到覆盖了整个地面,以至于土地彼此毗邻后,人们就会去损害别人来使自己的财富扩大。对于那些势单力寡或者惰于争夺土地的人,虽然看上去并没有失去什么,实则变得贫穷了,因为当周围的事物都在发生变化时,他们却一成不变。因此他们不得不从富人那里接受或者勒索物品。正是由于穷富的悬殊,才产生了支配与奴役、暴力与掠夺。对于富人来说,他们一旦体会到了统治带给他们的快乐之后,便不会在意其他的快乐了,由于他们利用旧奴隶来驯化新奴隶,所以他们整日思考的就只有如何征服并奴役他们的邻居。就像那些贪婪的狼群,一旦它们尝到了人肉的美味,便再也不会去品尝其他的食物了。

因此,无论是最具有权势的人,还是最悲惨的人,都将自己的权势或者悲惨作为一种对他人财物的权利,且认为那就是财产权,所以一旦平等被打破,随之而来的就是混乱。因此,富人和穷人的相互争夺以及无节制的欲望,湮灭了人类天生所具有的同情心和仅存的那点公正,于是人们变得贪婪且邪恶。最强者与先战(占)者之间总是存在权利的冲突,且他们之间的争斗总是以杀戮结束。渐渐地,人类最初的社会变为了杀戮的场地,低贱与疲惫的人们再也无法回到过去,再也不能丢弃他所掠夺之物。人们所努力追求的只不过是滥用能力所获得的那些荣誉,最后只会招致恶果,走向毁灭的边缘。

他被新的灾难惊呆了,又富有又可怜。

他只想逃离财富，并憎恶他曾经祈祷的东西了。[1]

但人们迟早会反思如此悲惨的处境和将他们压倒的自然灾害。特别是富人们一定会很快意识到这场持续的战争所产生的一切费用都由他们自己承担是多么不利；在战争中，生命的危险是大家共同承担的，而富人们却独自承受财产损失的风险。此外，无论富人们怎样定义他们的篡夺行为，他们心里都很明白这些篡夺都是建立在不适当的权利之上的，即他们用暴力获取了财物，其他人也同样可以使用暴力从他们的手里夺走，还不留给他们埋怨的机会。甚至这些通过自己的劳动获得财产的人们也无法为该财产定义一个合适的权利。他们会说："这面墙是我修筑的"，或者"我是通过自己的劳动获得此块地的"。

但是人们可以反问："是谁做出该界定？我们没有强迫你劳动，为什么要我们来负担你劳动的报酬呢？你难道不知道你的同胞们都将近灭绝，他们因为缺少物资而过得十分痛苦，而你却拥有太多。你难道不知道要经过人们做出一致同意，你才能将多出来的那部分财富占为己有吗？"面对这些质疑，富人们无力反驳，他们虽然能很容易地制服一个人，但同时一

〔1〕 奥维德，《变形记》，XI，127-128。这段话描述了迈达斯实现了他的愿望，即他触摸到的一切都能变成金子后的状态。

群人也能一样容易地将他制服。由于彼此之间的妒忌，富人们是不会联合起来对抗那些有着共同抢夺意愿的匪徒们的。因此富人们出于情势所迫，想出了一个策略，那就是将攻击者雇佣为自己所用，和他们联合起来，以新的格言鼓舞他们，让他们接受新的制度，这些新的制度将改变自然法则所带给富人们的不利，而转向对他们有利的一面。

有了这一目的，富人们向他们的邻居展示了对形势的恐惧：当所有人都武装起来互相对抗，无论是富人还是穷人，他们的财产都会变为一种负担，得不到安宁。当诉说了这种恐惧之后，他的邻居们便会轻易地被诱导，这时富人于是说道：让我们联合起来，让弱者不受压迫，约束那些野心勃勃的人，保护每个人应有的财产；让我们创立能约束所有人的公平的规则，因为无论富人还是穷人都需要尽相同的义务，所以这种制度在一定程度上弥补了财产分布不均所造成的不公。总之，我们不能自掘坟墓，而是应该把各自的权力结合为一个至高的权力，这个权力会制定善法来规制我们，保护我们这些共同成员，击退敌人，并让我们维持一种永久的和谐。

要知道引诱那些野蛮人只需要三言两语，况且野蛮人之间存在太多争斗，正需要一个裁判员去调解；野蛮人贪婪且野心勃勃，不能没有领导者。野蛮人表面上是在追求自由，实则是在为自己戴上镣铐。尽管野蛮人那足够的理性能让他们感受到政治组织的好处,但是他们却没有足够的经验去预见危险,而能预见危险的那些人却又想利用这点来谋取利益。甚至最明智的人也认为要牺牲自己的一部分自由才能换取其他自由,就像是病人选择砍掉自己的胳膊去保全身体的其他部分那样。

这就是或者一定是社会和法律的起源,它使弱者更受束缚,使强者更强;它永久地毁坏了自然的自由,衍生出有关不平等和财产的法律;它将篡夺转变为一项永久的权利;它为了极少部分野心勃勃的人的利益而使剩下的人都陷入永久的劳作、奴役和苦难当中。我们可以轻易地想到一个社会的建立是如何使其他的建立成为必要的;以及是如何使剩余的人们必须联合起来对抗统一的力量的。

社会一旦以此种方式建立,便会迅速扩散至全世界,我们便再也不能在这个世界上找到这样一个角落,在那里,人们可以摆脱束缚、可以避开一直悬在头顶的利剑。因此民法成为公民普遍遵守的法则,而自然法只适用于不同的社会之间,在这些社会之间,人们以国家法的名义,用一些约定使商业变为可能,并使自然怜悯心能有一席之地;这种自然怜悯心在这个社会上已经丧失了对人类的全部影响,它只存在于那些伟大的灵魂之中,这些人将自己视作这个世界的公民,敢于打破分离各民族的想象的障碍,施以所有人仁爱。

人们相继退出在他们之间仍然保持着自然状态的政治组织,因为这些政治组织不再适合人类;这种自然状态给那些大的政治组织所带来的危害要比给以前构成这些政治组织的个人所带来的危害大得多。因此,产生了违背理性的战争、争斗、杀戮和报复,它们使整个大自然都为之战栗;产生了使流血杀人成为一种美德和荣誉的可怕偏见。于是最值得信赖的人开始认为杀害同胞是他们的义务,最终人们开始无缘无故地互相残杀,却不知道为什么要这样做。在一场战争中产生的杀戮、在占领城池时所带来的混乱,比几个时代的自然状态下全球的人们所受的苦难都多。这便是人类被划分为不同社会所带来的第一个影响,下面,我们将回到社会制度上。

我知道一些作家对政治社会起源问题还有其他看法,比如强者的征服,抑或弱者的联合,但不论我们采用哪种原因,都与我要论证的问题无关。我认为我在上文论述的原因是最合乎自然的,原因如下:首先,在第一种情况下,征服权根本算不上一项权利,因此它并不能作为其他权利形成的基础,征服者与被征服者将永远处于战争状态,除非被征服者拥有完全的自由,能够自由地选择哪个征服者作为他们的首领。在那个时候之前,无论他们之间签订了何种条约,由于这些条约都建立在暴力的基础上,所以它们都是无效的。因此在该种假设下并不存在一个真正的社会,或者政治组织,抑或除了强者法律之外的法律。第二,因为“强壮”或者“弱小”二词的意思在第二种情况下是很模糊的,在所有权或者先占权的产生和政治政府的建立之间的间隔期间,人们通常用穷和富来代替弱和强。因为在法律产生之前,如果人们想要征服他人,就只有通过损害他人的财产或者分给他人一部分财产。第三,因为穷人除了自由外,一无所有,因此轻而易举地放弃自由对于他们来说便是丧心病狂的做法。然而富人对他们所拥有的所有东西都很看重,要对他们造成损害是一件很容易的事,因此富人们就会更加小心地保护他们的财产。因为我们有理由认为我们发明一样东西是因为它有用处,而不是因为它对我们有害。

政府的初期并没有确定统一的形式,由于缺乏足够的理论知识和经验,人们只看到了眼前的弊端,而对于其他弊端,人们也只是等它们显现后才开始进行弥补。尽管最聪明的立法者做出了大量努力,但是政治形势仍然很不完善,因为在某种程度上它只是侥幸而生,也没有牢固的基础;尽管随着时间的推移我们会发现它的缺点并进行补救,但是却始终没办法修补好它原有的漏洞。于是人们持续地进行修补,然而为了建立一个好的根基,他们应该做的是丢弃所有的旧制度旧习,就像来库古(Lycurgs)[1]在斯巴达所做的那样。

社会最开始仅仅是由一些约束公民的共同习俗组成,且它成为了每一位公民的保证。当经验证明了这个组织是多么脆弱,又由于公众既是他犯错的见证者又是法官,所以那些犯错的人逃避惩罚是多么地轻而易举;当法律被避开的时候,当弊端和混乱持续显现的时候,人们最终才会想到将这一公共权力交付于某些人,才会想到让法官去执行判决。因为认为首领在联邦形成前就已经选举,法律制定者产生于法律之前这一假定是极其荒谬的。

认为人类最初就不假思索地将他们无条件地交给领导者的说法,认为放荡不羁的人类想到的第一个获得公共安全的方法就是成为奴隶的说法,同样是不合理的。事实上,如果他们不是为了抵抗压迫,不是为了保护他们的生命、自由和财产,他们又怎么会将自己交给领导者呢？且对于一个人来说最坏的遭遇莫不过是任人摆布,如果一个人为了得到首领的援助,就将自己保存的唯一的财产转交给首领,这难道不违反

[1] 来库古,公元前7世纪左右的斯巴达的立法者。

常理吗？那么对于首领而言，他又能提供给他们什么样的等价物呢？如果他不揣冒昧地说能保护他们，难道别人不会讽刺他说："敌人又能对我们做出什么伤害的事呢？"因此，人们将自己交给首领是为了捍卫自由和不被奴役，这是毫无争议的事实，也是政治学界的基本准则。就像普林尼对图拉真说的那样："我们之所以拥护一个国王，是为了他能够保证我们不做任何主人的奴隶。"

政治家们对于热爱自由所做的辩论就和哲学家们对于自然状态所做出的辩论一样，他们以他们所见之物来判断他们从未见过的极其不同之物。政治家因为看见有些人对奴役之苦的忍耐，就认为人类天生就有成为奴隶这种倾向。政治家没有反思自由和天真、美德是一样的，只有具备这些品德的人才知道它的价值，然而一旦失去它们，伴随的乐趣也会随之消失。正如布拉西达斯曾经对一个将斯巴达和波斯波利斯城的生活作比较的总督所说的那样："我知道你的国家的快乐，你却不明白我的国家的愉悦。"

就像一匹坚不可摧的骏马会竖起它的鬃毛，四脚抓地，企图挣脱缰绳，而训练有素的马则会忍受鞭子与马刺那样，相对于屈服，野蛮人更喜欢无拘的自由。因此，我们不应该通过被奴役民族的奴役倾向来判断人类天性是赞同还是反对奴役，而应该通过所有自由人民在保护自己免受压迫的时候所创造出的奇迹来推敲他们的本意。我知道那些被束缚的人会不断地大加称赞被附以镣铐后的和平与安宁,即所谓的被束缚的“悲惨的和平”。[1] 但当我看见其他人牺牲快乐、和平、财富、权势,甚至生命来换取那些已经失去它们的人们所如此轻视的唯一财富时,当我看见那些生而自由的动物由于憎恨囚禁而一头撞死在牢笼栏杆上时,当我看见许多的赤裸着身体的野蛮人鄙视欧洲人的享乐,为保持独立他们勇敢面对饥饿、火灾、刀剑和死亡时,我认为奴隶是不谈自由的。

[1] “悲惨的和平”出自塔西佗的《历史》。

父 权

至于父权，一些学者认为它衍生出了专制政府和所有的社会模式。就算是不提及洛克和西德尼的相反论证[1]，只需要仔细观察便可以知道父权是完全和残忍的专制主义沾不上边的，比起发号者，父权更加看重服从者的利益。因为依照自然法，父亲只会在他子女需要他的时候才成为子女的主人，一旦过了这个时期，他们便是平等的，这时子女完全独立于自己的父母，只会尊重而不再服从于他们。感恩是我们应负的责任，而不是一项被强求履行的义务。

与其说公民组织起源于父权，还不如说父权的主要力量是从公民组织中摄取的：一个人只有在周围坐满了自己的子女的时候，才能认为他是这些子女的父亲。父亲拥有的财产

[1] 参见洛克的《政府论》，西德尼的《论政府》。

正是使他的孩子们依附于他的纽带,他可以根据孩子们对他表现出来的持续的敬重来决定财产的分配。但此种情形对于暴君来说却是不可能的,你无法从他那里分到任何东西,不仅如此,就连你所拥有的财产也是属于他的,或者至少他是这样认为的。这样一来,暴君将原本属于他们的财产让与这些人时,他们还会觉得这是一种恩惠。当暴君剥削他们的时候,他们认为他是在主张正义;当暴君让他们活命时,他们认为暴君待他们仁慈。当我们继续从权利的角度比较这些事实时,我们会发现对于暴政是出于人民自愿而建立的说法是缺乏真实性的,且要证明这类契约的有效性也是非常艰难的事,因为该契约只约束一方,即一方只承担义务,而另一方只享受权利,因此受损方往往是只承担义务的人。

这种令人憎恶的制度与如今那些所谓贤明的君主所订立的制度是如出一辙的,特别是法国的国王们,在他们所颁布的法律中我们就可以看出问题,尤其在 1667 年以路易十四的名义和命令颁布的著名法令中写道:"因此,我们不能说君主不受本国法的约束,因为君主本身的行为就是该法律的真理所在,尽管一些奉承者会攻击该观点,但是明智的国王会像国家的保护神一样来保护该真理。还有什么比柏拉图所说的'一个国家最大幸福莫过于臣民服从于君主,君主遵守法律,而且法律是公正的并且永远为臣民造福’这种观点更合理呢?”

我应该继续思考这一问题:如果说自由是人类所有能力中最高尚的一种能力,如果仅仅是为了取悦一个疯狂且残暴的主人而毫无保留地放弃他最宝贵的能力,去听从主人的命令,去犯造物主所禁止我们犯的一切罪行,这难道不是贬低自己天性,将自己置于如畜生一般的层面上,做自己本能的奴隶吗?比起自己的作品被侮辱,毁灭作品更能激怒那些令人崇敬的艺术家们,我要询问的只是那些不怕自己被贬低的人们,他们有什么权利使他们的后代遭受同样的耻辱,并以他们后代的名义放弃那些并不是由于他们的慷慨恩赐而获得的赐福,如果没有该赐福,生活便成为一种负担。

普芬道夫说,既然我们可以通过合同和惯例将自己的财产转让给他人,同样地,我们也可以将自己的自由转让给他人。这种观点在我看来是一种诡辩,首先,当我通过此种方式将财产让与他人后,我便不再拥有该财产了,即使别人滥用它也与我无关;但如果人们干涉我的自由的话,那便与我密切相关了,因为我在成为别人的犯罪工具后,也让自己成为别人强迫我所犯罪行的罪人。其次,所有权只是一种人为的约定或者制度,每个人都可以随意处置他所拥有的东西。但是人类所自带的天赋例如生命和自由却不能相提并论,虽然每个人都拥有这些天赋,但他们是否有权利抛弃这些天赋至少是值得怀疑的。一旦抛弃了自由,我们便是在贬低我们自己;一旦抛弃了生命,我们便是在使自己灭亡。因为没有任何东西能够弥补失去这两种东西所带来的损失,所以无论是出于何种考虑,放弃它们无疑是既违背了天性,又违背了理性。

即使我们可以像转移财产那样将自由也转让给他人,但对于我们的子女来说,这两者之间的区别是非常大的,子女们是通过父母的权利转让而拥有该财产,然而自由作为他们的一种天然的赐福,父母并没有权利去剥夺它。就像为了建立奴隶制,我们不得不对自然施暴那样;为了使此种权利延续下去,我们不得不改变自然。那些宣称奴隶的孩子从生下来就是奴隶的法学家们,也以另一种方式宣告人生下来就不是人。

因此我可以肯定政府并不是从霸权开始的,霸权只不过是政府的腐败和极端,并最终又将政府带回曾希望作为补救方法的强权位置上。假设政府是以霸权开始的,但由于这种权力本身是不合法的,因此它永远也不会成为这个社会权利的基础,也不能算作不平等制度的根源。

关于各种政府的基本契约的性质原本是应当探究的问题,但今天我就不再深入研究,只跟随一般的观点,将政府机构的建立视为在民众和他们所选出来的首长之间的一种真正契约,一种双方都遵守法律的契约,并成为他们结合的纽带。民众将社会关系中的每一个人的意志都集中为一个人的意志,再将变现这一意志的条款作为人人都须遵守的根本法。这些法律的其中一条就是管理监督执行其他法律的法官的选任和权力。

这种权力的适用范围可以包括维持宪法所需要的一切职权,但是不能变更宪法。同时,这种权力还赋予了法律以及执行这些法律的官员备受尊重的荣誉,并赋予这些官员特权来补偿他们管理有方而付出的辛苦劳作。同时这些官员必须根据委托人的意愿来行使这些权力,去保护每一个人的财产安全,而且在任何时候都要把公众利益放在他个人利益之上。

在经验还没有被证实,或者在人类的知识还不足以预见宪法的不可避免的滥用之前,宪法看起来就更加完美,因为这些负责守护宪法的人已经与宪法有着不可分割的关系。地方行政长官和他们的权力是只依据宪法而建立的,一旦宪法不复存在,他们以及他们的权力都将成为不合法的,人们便不再听命于他们,并且国家的基本构成要素并不是官员而是法律,所以人们便重新拾得了他原始天赋的自由。

只要我们稍稍反思一下,以上所说的真理就会被一些新的论证所证实,契约的本质并没有说明契约是不可撤销的,如果没有更高的权力能保证契约双方的忠诚度,并强制他们遵守义务的话,契约双方便会成为自己的法官,且一旦发现另一方违反了规定或者这些规定不能给自己带来便利时,那么双方都有权撤销契约。而基于这些原则,很可能撤销权也因此会建立。现在我们要考虑的是人类的制度问题,如果那些拥有所有的权力并在契约中占据着所有的利益的地方行政长官有着放弃职权的权利的话,那么那些为首长的错误埋单的民众是不是就更有权利去抛弃他们之间的从属关系了呢。

然而这种危险的特权所带来的是多得数不清的纷争和混乱,它们足以说明人类的政府是多么需要一个比单纯的理性更加牢固的基础。为了公众的安宁,我们是多么需要神意的参与来授予君主神圣且不可侵犯的权威,从而剥夺那些可以随意处分权力的臣民的权利。只要宗教能给人带来哪怕只有一丁点的好处,便足以使人们热爱并且信仰它,因为它拯救的生灵多于因极度热爱它而丧生的人。但还是让我们回到假设的思路上来吧。

政府的不同形式起源于其最初成立时存在于个体之间或大或小的差异。当一个人在权力、美德、财富或者信誉等方面杰出时,他便独自被选为了法官,而国家也会变为君主制;如果一些实力相当的人的能力都高出其余的人,他们便会一齐被选举,那么这个国家就会成为贵族制;如果人们的财富或者才能都比较平均,并且还保留了一些自然状态的特质的话,那么这个国家便会成为民主政体。时间会证明到底哪种制度最适合人类,一些人会始终服从于法律,而另一些人不久便会听命于主人。前者努力保持自由,后者只会侵入邻居家,看着邻居们享受着自己所失去的东西。总之,一边代表着财富和征服,而另一边则代表着美德和幸福。

这些不同制度的政府官员最开始都是通过选举产生的,一个人就算没有拥有很多的财富,但只要他拥有功绩上的优势,那人们便会选举他,人们也会选举那些年长的人,因为他们做事谨慎,同时更有经验。希伯来人的长者,斯巴达的元老,罗马的参议院,再到“领主”一词的词源都说明了这些人是多么受人尊敬。然而越是老年人当选,选举就越频繁,因此麻烦就更多,于是竞选阴谋发生了,派系形成了,党派之间的矛盾尖锐了,内战爆发了。国家为了它那虚假的幸福牺牲了多少人的生命,最终却又将回到最初的混乱之中。

这时,野心勃勃的权贵们便会利用这种状况,将权力永久延续下去。人们已经习惯于依赖、安逸和便利的生活,这导致他们无力挣脱枷锁,为了生活的宁静,他们甚至同意被主人变本加厉地奴役。因此,世代相传的首领们已经习惯将官员视为自家财产,将自己视作国家的主人,要知道,他们最初也只是官员。这些首领们习惯称呼自己的同胞为奴隶,他们视自己的同胞如牲畜,并视作自己财产的一部分,他们称自己为神一样的王中之王。

不平等的发展阶段

如果我们通过不同的革命来观察不平等的发展，我们就会发现法律的建立以及财产权的设立都是不平等发展的最初阶段；官员制度的建立为第二个阶段；最后一个阶段便是合法的权力沦为霸权。因此，第一个阶段产生了贫富差距，第二个阶段产生了强者和弱者，第三个阶段产生了主人和奴隶。这第三个阶段也是不平等的最后一个阶段，是所有不平等发展的顶端，直到新的变革使政府完全崩解，或者使它重回到一个合法的组织。

为了了解该进程的必要性，我们不应该去考虑政治组织最初建立的动机，而是应该去考量这些组织在它们实际过程中所采取的形式以及伴随的各种弊端。因为这些组织使社会制度成为必要的缺点，同时也不可避免地导致社会制度的滥用,除开斯巴达这唯一的例外——它的法律着重儿童的教育。此外,来库古也建立了无需法律的这样一种风俗习惯,因为法律通常来说是比情感微弱的,法律只能约束人类的行为,却不能改变他们的思想。不难证明如果每个政府都能抵制蚀变以及腐败,并始终遵守政府的使命,那么这个政府的建立便是不必要的。同样,如果一个国家里的所有人都守法,并且不滥用权力,那么,法律和官员对于这个国家来说也是不必要的。

政治方面的差距必然会导致公民之间的差距,人民与首长之间的不平等与日俱增,很快,个人与个人之间的不平等也产生了,并且由于大家情感、才能以及处境的不同,这种不平等有着不同的表现方式。当地的官员如果想要谋权,他们不得不赠出自己一部分的权力去拉拢小人,此外,公民们只有在盲目贪婪的驱使下才会受人压迫,他们宁愿低头俯视,也不愿仰头瞻望,比起依附,他们更爱权势。他们之所以愿意被束缚,只是为了能更好地控制别人。

让一个不愿支配他人的人听从命令并不是一件容易的事,即使是最精明的政治家也不能将这种人征服,因为这些人只向往自由。但不平等却很容易在那些低俗且贪婪的人们之间滋生,因为这些人时刻准备着去碰碰运气,命令他人或者服从他人对他们来说并没有区别。因此必然会出现这样一种情形，一旦统治者对着弱小的人们说道："你和你的家族即将变得尊贵。"众人便立刻变得尊敬他们起来，且这些弱小的人们也认为自己很尊贵，这些人的后代也会变得越来越尊贵。而使他们变得尊贵的原因越是久远、越是不可捉摸，其产生的尊贵效果也就越大，一个家族里的游手好闲的人越多，这个家族便越是显赫。

如果我细加阐述，我就能轻而易举地解释声望和权势的不平等是怎样不可避免地在个人之间产生的，因为人们结合成一个团体的时候，他们被迫相互攀比，并且在不断利用彼此的过程中发现了彼此间的差异。这些差异有不同种类，但是财富、声誉或者身份、权力、个人的才能是社会中人们衡量别人的主要标准，因此和谐或者冲突证明了一个国家原始构造的好与坏。在以上不平等的四种类型中，个人的才能是其他不平等的源头，而财富是不平等终止的形式，因为财富最能证明一个人的成功，又能很容易地进行交换，人们可以通过财富来换取其他的不平等。通过此观察，我们能够精确地判断出每个民族距离原始制度的远近以及他们走向极端腐败的进程。

我可以说明那些使我们灭亡的对声誉、荣誉以及特权的普遍欲望是如何锻炼并且比较我们的智慧和力量的，是如何激起并且增加我们的欲望的，是如何使人类陷入斗争、对立，甚至成为敌人的，使竞技场上的无数的伪装者每日钩心斗角，每日都引起了无数的失望、成功以及各种灾难。我将证明正是因为希望被别人关注的渴望，正是因为每个人都前仆后继地想要出人头地，才有了最好和最坏的事物，有了美德和邪恶，有了科学与谬论，有了征服者和哲学家。也就是说，产生了众多的坏事物和极少数的好事物。总之，我可以证明，我们之所以会看到一小部分人位于财富和权势的顶端，而群众却只能生活在贫穷与欲望之中，原因就是前者所享受的东西正是后者所缺少的，且如果这种状态维持不变，一旦后者脱离悲惨命运，前者的快乐将不复存在。

如果对以上各点加以论述，便会形成一部著作。且在这部著作里，我们将比较自然状态下人们的权利，进而来权衡不同政府的优劣。甚至还可以将根据这些政府的属性以及时间引起的必然变革引发的不平等的各种形态揭露出来。我们将看到由于对抗外国而不得不采取措施的人们被本国的君主压迫着；我们将看到这种压迫不断地被施加，而被压迫者永远不会知道这种压迫将永无终日，也找不到对抗这种压迫的合法的方法；我们将看到公民的权利以及民族的自由将被该缓慢的进程所磨灭，弱者的抗议会被视作煽动性的言论。

我们会看到政策将给那些为公共利益而奋斗的人类赋予荣誉，但该荣誉却只限于一小部分人；我们将看到从这里便产生了税收制度，因此灰心的农夫即使是在和平年代也会放弃耕作，拿起武器投入战斗；我们会看到有关荣誉等级的致命且古怪的规则诞生；我们会看到国家的保卫者迟早将成为国家的敌人，拿着匕首对着他们同胞的胸腔，终于有朝一日，我们会听见他们对国家的压迫者说道：

如果你命令我将利剑刺入我父亲的胸膛，

刺入我怀孕妻子的腑脏，

我终会完成你的命令，

尽管我的臂膀在反抗。[1]

从财产和社会地位的极度不平等中，从各种欲望与才能、无用或者有害的艺术、空有其表的科学中，会产生无数的偏见，这些偏见都是偏离理性、幸福和美德的。我们将看到首领会煽动各种想法来划分他们，削弱他们在社会上的势力。煽动所有能让社会看起来和谐的假象，但实际上却播种下了分离的种子。煽动那些不同等级的人因权利和利益的对立而产生的互相猜疑以及厌恶、加强强者控制他们

[1] 出自卢坎的《内战记》，第 376-378 行，这部史诗描述凯撒与庞培之间的内战。

的权力的一切事件。

正是在这些混乱与变革中滋生了邪恶的专制主义,并毁灭了国家各个部分美好且健康的东西,直至法律和民众被践踏,最后在共和国的废墟中建立起统治。在最后一次变化之前的时期将满是灾难与烦恼,所有的一切都将被野兽吞没,首长和法律将不复存在,只剩下暴君。在这个致命的时代,有关美德和秩序的一切都消失殆尽。因为凡是暴君所统治的地方,谁也不希望从忠贞中得到什么。专制主义是不允许有其他统治者存在的,也无须考虑或者征求他人的意见,盲从是悲惨的奴隶们的唯一“美德”。

这是不平等的最后一个阶段,是起点也是整个过程的终点。在这里,之所以所有的人们恢复平等,是因为他们就像一张白纸,他们除了君主的意志外没有任何法律,有关善良和正义的所有观念又一次消失了;在这里,一切又回到了强者法则,回到了一个新的自然状态下,然而这个新的自然状态和我们之前的那个自然状态是不同的,因为之前的那个自然状态是纯净的,而现在的自然状态是过度腐败的结果。

但是两种状态在其他方面的差距则很小,且政府的协议已经遭到专制主义极大的破坏,以至于暴君只有一直处于最强状态下才是主人,否则即使是遭到别人的驱逐,他也不会有任何怨言。以杀死或者推翻君主为结局的起义,与暴君处置人民的生命和财产一样合法。暴力让暴君保住他王位的同时,也推翻了他的王位。因此,所有事情都按照自然顺序运转着,无论这草率和频繁的变革的终点是什么,任何人都没有理由去抱怨别人对他不公平的对待,只能责怪自己的不谨慎和不幸。

曾把人类从自然状态带到文明状态的那条道路已经被人遗忘和迷失了,如果有人根据我之前所指出的中间状态去发现或者追溯此路,恢复因为我时间仓促而省略了的,或者因为我的想象力不及而没想到的那些状态,他们会惊讶地发现自然状态和文明状态的差别是多么的大。正是事物的这种缓慢发展,他们会找到连哲学家都难以解决的有关道德或者政策方面问题的答案。

他们会意识到随着时代的变化,人也不会始终原地踏步,第欧根尼之所以找不到他想要的那个人,是因为他在这个时代寻找上个时代的人;加图之所以同罗马和自由死去,是因为他生活在不适合他的时代,如果他在500年前就掌握了统治权,这位最了不起的人恐怕是要震惊世界的。总之,读者们会说明人类的灵魂和感情是怎样在不知不觉的变化中改变了它们原有的本质;人类的欲望和快乐的对象是怎样随着时间的流逝发生改变的。野蛮人逐渐消失,社会只不过是虚伪的人类和情感的结合体,这些人类以及情感是所有的这些新关系的产物,并且在自然中没有任何基础。

在这一问题上,我们通过思考可以知晓的东西已经被经验所充分证实,野蛮人和文明人的爱好是那么不同,以至于一方的极乐是另一方的绝望。野蛮人追求安宁与自由,他们只想不受约束地生活,即使是斯多葛的怡静也比不上他对周围一切事物的漠不关心。[1] 相反地,文明人总是辛苦劳作,他们绞尽脑汁为的却是找一份更加辛苦的工作,他们一生都在劳作,然而,他们所做的事不过是自相矛盾,一边渴望永生一边又不惜放弃生命。

文明人奉承那些他所憎恶和鄙视的权贵之人,然而他又不择手段地去谄媚,去争取得到伺候这些权贵人的殊荣;文明人骄傲地夸赞权贵之人的软弱以及他们提供给自己的保护;他们以成为奴隶为荣,并且鄙视那些没有这种殊荣的人。欧洲大臣的繁忙且令人羡慕的工作在加勒比人眼里该是怎样一个场面啊。野蛮人宁愿死亡也不愿意过这种可怕的生活,这种可怕的生活是不会被其他美好事物带来的快乐所抵冲掉

〔1〕 斯多葛学派是通过抑制情感来让自己的灵魂得到安宁。

的。而那些野蛮人为了了解如此费时费力的目的所在,他们必须得首先知道权力和声誉的意义;必须知道一些人很看重其余人对他们的看法;文明人证明自己是否幸福其实是以别人的证明为依据,而不是由自己来判断。

事实上,导致这些差异的原因就是野蛮人只活在自己的世界里,然而文明人却一直活在别人的眼光里,或者说文明人只能在他人的评价中才能找到自己存在的意义。对于以下的这些问题:尽管有许多谈论道德的优秀文章,但这样一种倾向是怎样产生出对于善与恶的极度冷漠的;万物是怎样慢慢消失而变得虚假和矫作的;我们最终如何知道以荣誉、友谊、美德甚至是罪恶本身为荣的秘诀。尽管我们有那么多的哲学、人道、礼仪以及那么多的崇高格言,我们为什么总是去问别人我们到底怎样,却从来不问自己,我们只有虚假的外表,缺乏道德的荣誉,缺乏智慧的理性,缺乏幸福的快乐。这些我都不会解释说明,因为它们与我的主题无关。我已经证明我们性情的改变是由这个社会的现状以及它所导致的不平等所导致,而不是由我们的原始状态所导致,这就已经足够了。

我已经尽力说明了不平等的起因和发展过程,以及政治社会的形成和滥用,这些都是从理性中推导出来的,而不是从那些给予君主以制裁的神权的崇高格言中得出来的。以此为基础,我们可以得出在自然状态下几乎不存在不平等。不平等是由于人们能力以及认知力的发展而逐渐获得力量成长起来的,最终随着私有制以及法律的建立而常驻并合法。我们还可以得出,仅为实在法所认可的精神上的不平等与生理上的不平等发生冲突时,它便也与自然法相冲突了。这种相抵触充分地决定了我们对一切文明民族之中的那种不平等应持什么样的看法。因为幼孩命令长者,愚者指导智者,一小部分人的财富有富余,而大部分人却饥肠辘辘,无论人们给不平等下怎样的定义,这些明显都是违背自然法的。

图书在版编目（CIP）数据

论人类不平等的起源和基础：畅享版 / (法) 卢梭著；姜敏，薛冰清译. -- 北京：法律出版社，2023（2025.10重印）

ISBN 978-7-5197-8478-2

Ⅰ. ①论… Ⅱ. ①卢… ②姜… ③薛… Ⅲ. ①哲学理论－法国－近代 Ⅳ. ①B565.26

中国国家版本馆CIP数据核字（2023）第206179号

论人类不平等的起源和基础（畅享版）

LUN RENLEI BUPINGDENG DE QIYUAN HE JICHU（CHANGXIANGBAN）

作　　者：［法］卢　梭

译　　者：姜　敏　薛冰清

责任编辑：韩满春

装帧设计：鲍龙卉

出版发行：法律出版社

编辑统筹：学术·对外出版分社

责任校对：张翼羽

责任印制：胡晓雅　宋万春

经　　销：新华书店

开　　本：880 毫米×1230 毫米　1/32

印　　张：4.25

字　　数：67千

版　　本：2023年11月第1版

印　　次：2025年10月第2次印刷

印　　刷：北京建宏印刷有限公司

书　　号：ISBN 978-7-5197-8478-2

定　　价：39.00元

销售电话：010-83938349　客服电话：010-83938350　咨询电话：010-63939796

地　　址：北京市丰台区莲花池西里7号(100073)

网　　址：www.lawpress.com.cn

投稿邮箱：info@lawpress.com.cn

举报盗版邮箱：jbwq@lawpress.com.cn

凡购买本社图书，如有印装错误，我社负责退换。电话：010-83938349